“心理契约研究”丛书

员工心理契约破裂后的修复机制研究

余莉◎著

EMPH
企业管理出版社
ENTERPRISE MANAGEMENT PUBLISHING HOUSE

图书在版编目（CIP）数据

员工心理契约破裂后的修复机制研究 / 余莉著 .
北京 : 企业管理出版社 , 2025. 7. -- ISBN 978-7-5164-3282-2

Ⅰ. F272.921

中国国家版本馆 CIP 数据核字第 2025R4C704 号

书　　名：	员工心理契约破裂后的修复机制研究
书　　号：	ISBN 978-7-5164-3282-2
作　　者：	余　莉
责任编辑：	蒋舒娟
出版发行：	企业管理出版社
经　　销：	新华书店
地　　址：	北京市海淀区紫竹院南路 17 号　　**邮编：** 100048
网　　址：	http：//www.emph.cn　　**电子信箱：** 26814134@qq.com
电　　话：	编辑部（010）68701661　　发行部（010）68417763
印　　刷：	北京亿友数字印刷有限公司
版　　次：	2025 年 7 月第 1 版
印　　次：	2025 年 7 月第 1 次印刷
开　　本：	710mm × 1000mm　　1/16
印　　张：	12
字　　数：	188 千字
定　　价：	72.00 元

前 言

当前我国经济进入高质量、高速度发展阶段，创新已成为发展的第一动力，员工是企业创新的主体。高质量的工作关系是员工成长和获得工作灵感的前提条件之一。心理契约是存在于员工与组织之间的无形的契约，规定了员工与组织的责任与义务，是衡量员工与组织之间的雇佣关系质量的重要标准。在当前VUCA（Volatility易变性、Uncertainty不确定性、Complexity复杂性、Ambiguity模糊性）时代，随着市场的快速变化、激烈的竞争和新技术的运用，企业可能需要适时调整组织结构、人员配置以及业务模式以应对不断变化的环境需求。组织与员工在充满不确定性的环境中对彼此的期待、义务和责任也在不断发生变化，企业原本对员工做出的承诺可能因各种原因而难以兑现，这些可能增加心理契约破裂的风险。员工心理契约破裂可能引发一系列的负面反应，如心理契约违背、对组织不信任、工作满意度下降、组织承诺降低、角色内绩效下降、离职意愿增强、工作不安全感增强、员工职场越轨、非伦理行为等消极反应，会对企业长期发展造成不利影响。由此，在当前VUCA时代，在员工心理契约破裂不可避免地发生后，修复心理契约以避免或消除上述负面影响，增强员工与组织之间雇佣关系的韧性，帮助企业实现高质量创新发展，成为管理者和研究者面临的重要课题。

现有关于心理契约的研究大多从社会交换理论、公平理论和期望理论出发，认为心理契约破裂会引发员工消极反应，从而可能导致心理契约损伤或心理契约失效。近年来，越来越多的学者关注到员工心理契约破裂后也有得到修复的可能。然而，目前这方面的研究还存在以下不足之处。

第一，心理契约破裂后，从员工视角探索心理契约修复过程的研究仍期待更深入的理论和实证分析。虽然当前心理契约的研究从契约的“形成—维持—破裂—损伤或失效”的链式研究逐渐转向关于契约“形成—维持—破裂—修复”的韧性研究，但是，关于心理契约修复的韧性研究远远不及心理契约损伤或失效的链式研究丰富，尤其是站在员工视角的心理契约修复研究更显薄弱。当前许多研究认为，心理契约破裂后，维护组织和员工之间交换关系的互惠原则遭到破坏，在负面事件的刺激下，员工会出现相应的消极反应。基于组织视角的研究发现，员工心理契约破裂后，组织采取的完全补偿、部分补偿、否认、道歉等修复策略能够有效提升员工对组织的信任度并缓解员工的负面情绪，说明员工心理契约在破裂后可能得到修复。近年来，越来越多的学者认识到员工作为心理契约的一方，在应对、处理心理契约破裂事件过程中发挥着重要作用，尤其是员工的自我调节能力能够有效缓解心理契约破裂带来的负面影响，驱动心理契约良性发展。这为基于员工视角的心理契约破裂后的修复机制研究奠定了基础。但是，目前的研究还缺乏对心理契约破裂后员工采取的应对策略的系统性分析，应对策略驱动心理契约修复的作用机制也尚不清晰。

第二，心理契约破裂对员工影响的研究有待进一步拓宽和充实。当前多数研究表明，心理契约破裂会引发员工角色内绩效下降、离职意愿增强、工作不安全感增强、职场越轨、非伦理行为等消极反应。根据社会交换理论以及该理论中的互惠原则，心理契约破裂说明员工与组织之间的互惠关系遭到阻断，进而引发员工的消极反应。社会交换理论的一个重要理论来源是强化心理学，该理论中的“刺激—反应”模式解释了员工在心理契约破裂负面事件的刺激下做出消极反应的机制。然而，强化心理学忽视了个体的认知在“刺激—反应”过程中的调节作用，这在一定程度上限制了对心理契约破裂对员工影响的研究。心理契约是员工在与组织的互动过程中形成的认知机制，员工的认知贯穿于心理契约形成、维持、破裂以及破裂后反应的整个过程。忽视员工的认知在心理契约破裂后的调节作用，不利于全面认识心理契约破裂对员工的影响。

第三，当前多数研究采用的测量心理契约破裂的方法限制了对心理契约修复的更深入的研究。现有研究通常将心理契约破裂视为比较宽泛的概念进行测量，或者采用整体评价的方式进行测量，即询问员工对组织是否履行其承诺的整体感知。然而，在日常工作中，员工是通过具体事件感知组织履行或违背承诺，并对员工以及员工与组织之间的雇佣关系产生影响的。因此，通过宽泛概念的测量或整体感知的测量不利于揭示员工心理契约破裂后的修复过程，限制了对心理契约动态性特征的研究。

基于以上问题，本研究以自我调节理论为基本指导，结合认知评价理论，从员工视角分析心理契约破裂后的修复机制。选择自我调节理论的原因在于，自我调节理论突出个体认知对目标追求的作用。心理契约是员工在与组织的互动过程中形成的认知系统，自我调节理论中关于个体的认知和行为的社会认知过程是解释心理契约动态变化的因果过程的核心。近年来，学者越来越关注员工的自我调节能力在驱动心理契约变化过程中所发挥的作用。然而，自我调节理论的应用研究面临着将个体认知、行为等不同的因素组合成有机的动态系统的挑战。因此，本研究选择认知评价理论进一步分析员工认知和行为在心理契约破裂后的修复过程中所发挥的作用。认知评价理论包含压力认知评价理论和情绪认知评价理论，系统地解释个体认知、情绪和行为在帮助个体与环境建立匹配关系过程中所发挥的作用。心理契约是将员工和组织联系在一起的无形纽带，是衡量员工与组织之间雇佣关系质量的重要标准。因此，认知评价理论能够从认知、情绪和行为等维度系统地解释员工在心理契约破裂后应如何与组织建立匹配的有效雇佣关系，揭示员工心理契约修复的过程。

自我调节理论认为，当个体感知到现实与参照标准存在差异时，会引发认知和行为上的变化来进行调节，以缩小或消除差异。对于员工而言，心理契约一旦形成，便成为员工与组织对彼此应尽义务的参照标准。当员工感知到组织未能履行义务时，便会产生心理契约破裂。根据自我调节理论中的“自我监察—自我判断—自我反应”三个过程，员工心理契约破裂会触发员工认知和行为上的调节，从而实现修复心理契约的目标。同时，个体行为的调节受到情绪的影响，因此，本研究构建了员工心理契约破裂后通过“认知调节”和“情绪—行为调节”两条修复路径，并结合压力认知评价理论和情绪认知评价理论，系统地分析心理契约破裂后员工认知、情绪和行为的反应策略以及这些应对策略对心理契约修复的影响。

具体而言，根据压力认知评价理论，员工心理契约破裂后，通过对导致心理契约破裂的事件以及该事件对员工与组织之间雇佣关系的利害关系进行分析，在追求理想目标（即与组织建立有效的心理契约）的驱动下，员工会产生积极的挑战性评价。挑战性评价关注心理契约破裂带来的潜在机会，有利于心理契约的修复。因此，“认知调节”修复路径分析了挑战性评价在心理契约破裂和心理契约修复之间的中介作用。同时，员工心理契约破裂后，通过对导致心理契约破裂的事件进行归因分析之后，情绪认知评价理论认为组织和员工自身都应对心理契约破裂负有一定的责任，从而员工产生对组织失望和自身懊悔的负面情绪，在这种具有指向性的负面情绪和追求理想目标的驱动下，员工希望对造成心理契约破裂都负有责任的组织和员工自身都做出改变，在行为上表现为众利式建言行为。旨在解决问题的众利式建言，兼顾组织和员工的利益，能够有效缓解员工因心理契约破裂而出现的负面情绪，帮助员工明确其与组织的责任、与组织建立更加匹配的雇佣关系，从而有利于心理契约的修复。因此，“情绪—行为调节”修复路径分析了失望和懊悔情绪以及众利式建言在心理契约破裂和心理契约修复之间的链式中介作用。另外，自我调节和认知评价是一个消耗认知资源的过程。与员工目标一致的组织诱因是引导员工心理契约修复的重要因素之一。

员工战略共识是员工对组织战略的理解和认同，是员工在组织中相对稳定的认知资源。因此，本研究将员工战略共识作为心理契约破裂后修复机制的边界条件，探讨了员工战略共识在员工“认知调节”和“情绪—行为调节”修复路径中的作用。

本研究基于具体的心理契约破裂事件，探索心理契约破裂后的修复机制，开展了两项多阶段的问卷调查研究。在两项问卷调查中，均邀请调查对象报告近期发生的导致心理契约破裂的事件，并由此开展多阶段的问卷调查，测量心理契约破裂事件发生后员工的认知、情绪和行为反应以及心理契约修复等变量。为了验证“认知调节”修复路径的有效性，本研究开展了第一次问卷调查。此次问卷调查经过四个阶段的数据收集，回收了 298 份有效问卷。为了验证“情绪—行为调节”修复路径的有效性，本研究开展了第二次问卷调查。第二次问卷调查经过五个阶段的数据收集，回收了 219 份有效问卷。

研究结果表明，在“认知调节”修复路径中，心理契约破裂会引发员工挑战性评价，挑战性评价在心理契约破裂与心理契约修复之间发挥中介作用，员工战略共识不仅能够正向调节心理契约破裂与挑战性评价之间的关系，而且能够正向调节心理契约破裂通过挑战性评价影响心理契约修复的间接效应。同时，心理契约破裂会引发员工阻碍性评价，但是，阻碍性评价与心理契约修复之间不存在显著的负相关关系，阻碍性评价与员工负面行为（工作退缩行为）之间也不存在显著的正相关关系。在“情绪—行为调节”修复路径中，失望和懊悔情绪与众利式建言在心理契约破裂与心理契约修复之间发挥了链式中介作用，员工战略共识不仅能够正向调节心理契约破裂与失望和懊悔情绪之间的关系，而且能够正向调节心理契约破裂通过失望和懊悔情绪以及众利式建言影响心理契约修复的链式中介效应。

本研究的理论贡献主要体现在以下几点。第一，本研究基于自我调节理论和认知评价理论，突出员工在应对心理契约破裂过程中的主动性，从员工视角揭示了员工心理契约破裂后的修复机制，丰富了对心理契约动态性特征的研究。第二，本研究基于自我调节理论，认为众利式建言是员工在环境刺激下做出的具有积极意义的适应性行为，对当前多数研究认为建言是员工亲社会和角色外行为、建言对员工具有一定的风险的观点进行了一定的补充，深化了对组织中的建言的内涵以及建言对员工意义的认识。第三，本研究认为心理契约破裂后，员工虽然会出现阻碍性评价以及失望和懊悔等负面情绪，但是在追求自身利益和理想目标的驱动下，员工会采取更具策略性、更有利于目标达成的积极反应，即挑战性评价和众利式建言行为，丰富了心理契约破裂对员工的影响研究。第四，本研究认为，员工心理契约破裂会引发员工负面情绪（失望和懊悔），但是在追求自身利益和理想目标的驱动下，员工的负面情绪会引发积极行为（众利式建言），这与现有研究中认为负面情绪与负面行为更相关的观点形成对照，深化了对自我调节理论中情绪和行为之间关系的理解。第五，本研究探索了员工战略共识在帮助员工心理契约破裂后进行认知调节、情绪和行为调节过程中所发挥的积极作用，进而分析员工战略共识对组织与员工之间的雇佣关系的影响，将员工战略共识的影响延伸至组织关系中。当前对员工战略共识影响的研究主要集中在组织绩效和员工行为的研究上，因而，本研究拓宽了对员工战略共识影响研究的范围。

本研究为在当前 VUCA 时代如何与员工维持高质量雇佣关系提供指导，

以保障企业实现高质量创新发展。本研究的管理启示主要包括以下几点。第一，重视员工情绪的价值，提高员工管理情绪的能力，努力让情绪服务于有意义的目标追求。第二，鼓励员工设立弹性工作目标，帮助员工在工作中体会追求目标的过程所带来的掌控感和满足感，缓解负面事件对员工产生的负面影响。第三，洞察员工建言背后的动机，妥善对待员工建言，并与员工一道维护良好的雇佣关系。第四，引导员工树立学习导向，鼓励员工从积极视角看待负面事件。第五，提高员工对组织战略的理解和认同，鼓励员工将自身职业发展与企业战略目标联系起来，强化员工与组织的共同体意识。第六，本研究从员工视角分析心理契约破裂的修复机制，当组织无法提供修复策略或无法提供支持时，为员工修复心理契约提供借鉴。

本研究的创新点主要体现在以下几个方面。首先，本研究从员工视角揭示了员工心理契约破裂后的修复机制，与当前以组织视角对心理契约修复的研究形成互补。当前关于员工心理契约破裂后能否得到修复的观点还未达成一致，这可能是由于当前研究主要从组织视角研究组织修复策略或组织制度对员工心理契约修复的影响。心理契约破裂是员工对组织未能履行组织责任的感知，组织修复策略或组织制度作为外在环境因素，对员工的内在感知的影响可能因人而异，因而产生了对心理契约破裂后能否得到修复的不同观点。本研究以自我调节理论为基本理论指导，将员工视为主动应对心理契约破裂的一方，突出了员工的主动性，揭示员工在内在标准和自我反应影响下的自我调节机制的心理契约修复过程，丰富了对心理契约修复以及心理契约动态性特征的研究。其次，本研究认为心理契约破裂虽然会引发员工负面情绪和阻碍性评价，但是，员工在认知调节作用的影响以及对理想目标追求的驱动下，也会对心理契约破裂做出积极的挑战性评价和众利式建言行为，这与当前普遍认为心理契约破裂会引发员工消极反应的观点形成对照。当前研究主要基于社会交换理论分析心理契约破裂对员工的影响。社会交换理论借助于强化心理学的“刺激—反应”的观点，认为心理契约破裂后，员工在外部负面事件的刺激下会做出相应的消极反应，为心理契约破裂后员工出现负面反应的研究提供了理论支撑。但强化心理学忽视了员工认知的调节能力。心理契约是员工的认知过程，员工的自我调节贯穿于心理契约动态发展的全过程。本研究基于自我调节理论和认知评价理论，认为员工心理契约破裂后，在追求理想目标的驱动下，通过对破裂事件的解读以及对情绪和行为的调节，会做出积极的反应，从而深化了对心理契约破裂对员工影响的研究。最后，本研究通过心理契约概念将“交易”这一要素纳入组织中的关系修复研究中，深化了对组织中关系的研究。破裂是关系成熟的一个节点，即关系从一种状态向另一种状态转变。目前，组织中关于关系修复的研究聚焦于关系破裂的前因、后果，以及能够缓冲关系破裂、帮助关系修复的品质特征上。心理契约是员工对其与组织之间的责任交换关系的感知。本研究通过员工与组织之间的心理契约这一概念，将“交易”这个维系关系的底层逻辑引入关系修复研究中，深化了对组织中关系修复研究的认识。

本研究存在以下不足之处。第一，本研究基于单一事件对心理契约破裂展开研究，认为单一事件导致的心理契约破裂能够得到修复，忽视了对多事件发生或相同事件重复发生导致的心理契约破裂的修复研究，或者是否能够得到修复的研究。第二，本研究基于自我调节理论和认知评价理论，揭示了心理契约破裂后的修复过程，突出了员工在应对心理契约破裂后的主动修复角色，却忽视了组织因素对这一修复过程的影响。第三，本研究基于具体事件对心理契约破裂进行测量，忽视了心理契约破裂事件的性质（如关键性、颠覆性和新颖性）以及不同类型的心理契约破裂对心理契约修复的影响。

目　录

1 绪 论

1.1 研究背景

当前企业发展处于充满多变性、不确定性、复杂性以及模糊性（VUCA）的外部环境中，这给企业的管理实践带来了新的挑战（王涛等，2023）。面对市场的快速变化、激烈的竞争和新技术的运用，企业需要适时调整组织结构、人员配置及业务模式，以增强企业在VUCA时代的生存能力、适应能力和发展能力。对于员工而言，这意味着员工的工作内容、薪资待遇和职业发展规划等方面会受到影响。随着人工智能科技的运用和发展，员工面临着工作被取代或岗位被替换的挑战。例如，美国亚马逊公司在2022年11月至2023年3月经历了其历史上规模最大的一次裁员之后，员工仍面临着减薪的风险；富士康创始人郭台铭曾表示，富士康努力培养其技工技师掌握机械自动化、云端工程等技能，以缓解技术冲击带来的人员配置等方面的变化。面对这些变化，员工原本在薪酬福利、职业发展规划等方面的期望可能无法得到充分满足。当员工感知其在组织中的付出没有得到预期的回报时，便产生心理契约破裂（psychological contract breach）。自从Morrison和Robinson（1997）界定了心理契约破裂这一概念以来，大量研究表明，心理契约破裂会引起员工情绪、态度和行为上的消极反应，如对组织的敌意（Shaffakat et al.，2021）、角色内绩效下降（Zhao et al.，2007）、离职意愿增强（Zhao et al.，2007）、知识分享行为减少（付晔和钟熙，2020）、知识隐藏（佘传鹏等，2022）以及非伦理行为增加（钟熙等，2020）等。心理契约破裂不仅不利于员工在组织中的生存和发展，还会对组织的正常运行和高质量发展产生负面影响。

基于此，员工心理契约破裂后如何修复以避免或消除上述负面影响、帮助员工与组织重新建立有效的雇佣关系对组织和员工来说具有重要意义。虽然当前关于心理契约的研究大多认为心理契约破裂会引发员工消极反应，从而造成员工心理契约损伤或心理契约失效，但是，近年来越来越多的学者关注到心理契约破裂后也有可能得到修复（Kiazad et al.，2014；Bankins，2015；Tomprou et al.，2015；魏峰等，2017）。例如，Bankins（2015）认为，心理契约破裂后，员工或主管会主动采取补偿措施（remedies）或缓冲措施（buffers）缓解心理契约破裂对员工的负面影响，使心理契约恢复到破裂前的水平。Tomprou 等（2015）认为，心理契约破裂后，仍留在组织内的员工通过自我调节，有可能使心理契约得到修复。Rousseau 等（2018）认为，心理契约是一个动态的过程，并不是一成不变的。心理契约实际上是处于不断形成、不断修正之中，即它始终处于“要约—还盘—议价—再要约”的循环中（杨杰等，2003a）。目前关于心理契约修复的研究主要存在三个问题。

第一，心理契约破裂后，从员工视角分析心理契约修复的研究期待更深入的理论和实证研究。虽然当前心理契约的研究从契约的“形成—维持—破裂—损伤或失效”的链式研究逐渐转向关于契约的“形成—维持—破裂—修复”的韧性研究，但是，关于心理契约修复的韧性研究远远不及心理契约损伤或失效的链式研究丰富，尤其是以员工为视角的心理契约修复研究更显薄弱。心理契约破裂是员工认为其对组织的付出没有得到回报或者没有得到充分回报的感知。当前大多数研究认为，心理契约破裂后，维护组织和员工之间交换关系的互惠原则被破坏，员工在负面事件的刺激下会做出相应的消极反应。基于组织视角的研究认为，员工心理契约破裂后，组织采取的完全补偿、部分补偿、否认、道歉等修复策略能够有效提升员工对组织的信任度，减轻员工的负面情绪（Henderson et al.，2020），这说明员工心理契约在破裂后可能得到修复。

近年来，越来越多的学者认识到员工作为心理契约的一方，在应对、处理心理契约破裂事件过程中发挥着重要作用，尤其是员工的自我调节能力影响着员工心理契约破裂后的反应。这为基于员工视角的心理契约破裂后的修复研究奠定了基础。Bankins（2015）指出，员工在心理契约破裂后的修复过程中扮演着积极、主动适应并驱动心理契约变化和修复的角色。Kraak 等（2019）认为，员工心理契约破裂后会采取建言（voice）行为引导心理契约变化和发展。Tomprou 等（2015）基于自我调节理论，提出心理契约“后违背”模型，详细介绍了员工心理契约破裂后的心理变化过程。根据该模型，员工感知心理契约违背后，受组织的响应行为与员工的组织资源和特质资源影响，会采取趋近式策略和逃避式策略应对。趋近式策略包括关注问题策略和关注情绪策略，逃避式策略包括心理脱离和行为脱离。不同的应对策略会带来不同的心理契约状态，包括心理契约繁荣（psychological contract thriving）、心理契约修复（psychological contract reactivation）、心理契约损伤（psychological contract impairment）以及心理契约失效（psychological contract dissolution）。心理契约“后违背”模型为研究心理契约修复提供了更加具体的理论指导。这些研究说明，员工在心理契约破裂后并非完全是被动接受或产生被动的消极结果，员工也有可能扮演更加积极、更加主动的角色。但是，员工在心理契约破裂后的积极性和主动性通过何种方式体现出来进而达到心理契约修复的积极结果却没有得到深入的研究。期待员工作为心理契约中的一方，其在心理契约破裂后的积极主动作用研究能有更加清晰的理论和实证分析。

第二，心理契约破裂对员工的影响研究有待进一步拓宽和充实。当前研究表明，员工心理契约破裂会产生心理契约违背（Morrison & Robinson，1997）、组织承诺降低（Lapalme et al.，2011）、工作满意度下降（Wang & Hsieh，2014）、对组织的敌意（Shaffakat et al.，2021）、负向互惠信念（魏峰等，2015）、知识分享行为减少（付晔和钟熙，2020）、非伦理行为增加（钟熙等，2020）以及员工职场越轨（Shaffakat et al.，2021）等一系列负面影响。的确，根据社会交换理论以及该理论中的互惠原则，心理契约破裂说明员工与组织之间的互惠关系中断（王炳成等，2022）。社会交换理论的理论来源之一是强化心理学（reinforcement psychology）（Emerson，1976）。强化心理学强调个体会在外部刺激下做出即时的反应，当维护员工和组织双方利益的互惠原则遭到破坏时，在“刺激—反应”模式的影响下，互惠原则所带来的积极影响会随之消失（Turnley & Feldman，1999）。因此，员工感知心理契约破裂时，便会出现消极的态度或行为的变化。然而，强化心理学忽视了个体的认知在“刺激—反应”过程中的重要作用。心理契约是员工在与组织的互动过程中形成的认知机制（Hind et al.，1996；Rousseau et al.，2018），忽视员工认知在心理契约破裂后所发挥的作用会在一定程度上限制心理契约破裂对员工影响的研究，也影响心理契约理论的进一步发展。

当前也有学者从不同的理论视角分析心理契约破裂对员工的影响，得出不同的结论。Kiazad 等（2014）基于资源保存理论，认为员工在心理契约破裂后，出于获取更多资源的动机，会实施积极的工作角色创新行为。Kiazad 等（2014）指出，自我调节机制可能有助于员工调节因心理契约破裂而引发的负面情绪。因此，从不同的理论视角深入分析心理契约破裂对员工的影响，有助于全面认识心理契约破裂对员工的影响，推动心理契约理论的进一步发展。

第三，当前大部分研究采用的测量心理契约破裂的方法限制了对心理契约修复更加深入的研究。多数研究通常将心理契约破裂视为比较宽泛的概念并进行测量（Kiefer et al.，2022）。例如，通过询问员工认定组织在薪资、培训等方面履行或违背责任的程度（Lee et al.，2011）。也有研究采用整体评价的方式测量心理契约破裂，即就组织是否履行其承诺询问员工的整体感知（Zhao et al.，2007）。然而，在日常工作中，员工会通过具体事件感知组织是否履行了承诺，这对员工以及员工与组织之间的雇佣关系产生影响（Kiefer et al.，2022）。因此，基于具体事件的心理契约研究有助于揭示员工对心理契约破裂事件的具体反应和员工心理契约本身的变化过程（Kiefer et al.，2022）。其实，心理契约是一个动态的过程（Rousseau et al.，2018）。心理契约破裂是员工对组织未能履行其应该履行的责任的感知，需要基于导致心理契约破裂的具体事件分析心理契约破裂后员工具体的、系统性的反应策略以及员工心理契约本身的变化。

近年来，对心理契约动态性特征的研究越来越重视基于具体事件开展分析。Kiefer 等（2022）基于事件，采用日志法进行分析，研究心理契约破裂后员工的归因过程。Wiechers 等（2022）通过访谈法，剖析日常工作中微小事件的累积对心理契约破裂的感知过程。Tomprou 等（2015）建议采用实验法分析心理契约的动态性特征。基于具体事件的心理契约研究有助于揭示心理契约的动态性特征。

以上三个问题相互影响。基于员工视角的研究将员工视为积极主动的角色，驱动心理契约动态变化，这呼唤着以员工为主体的理论作为指导，并要求基于具体事件对员工心理契约破裂后的认知、情绪和行为等方面进行系统测量和分析，以揭示从心理契约破裂到修复的动态过程。

综上，本研究以自我调节理论为基本指导，结合认知评价理论，基于员工视角分析心理契约破裂后的修复机制。选择自我调节理论的原因在于，自我调节理论突出个体认知对目标追求的作用（Bandura，1991）。自我调节理论中关于个体认知和行为的社会认知过程是解释心理契约动态变化的因果过程的核心（Rousseau et al.，2018）。在近年来的研究中，员工的自我调节功能逐渐受到重视（Tomprou et al.，2015；Shaffakat et al.，2021；Baruch & Rousseau，2019；Rousseau et al.，2018；Solinger et al.，2016）。选择认知评价理论的原因在于，该理论系统地解释了认知、情绪和行为在帮助个体与环境建立匹配关系过程中所发挥的作用。心理契约是将员工和组织联系在一起的无形纽带，是衡量员工与组织雇佣关系质量的重要标准。因此，认知评价理论能够系统地解释员工在心理契约破裂后如何与组织建立有效雇佣关系、修复心理契约的过程。

根据自我调节理论，心理契约破裂会触发员工认知和行为的改变，而行为受到情绪的影响，结合认知评价理论中关于压力认知评价和情绪认知评价的内容，本研究构建了员工心理契约破裂后通过“认知调节”和“情绪—行为调节”两套心理契约的修复机制。同时，心理契约的修复是一个非常耗费员工认知资源的过程，与员工目标一致的组织诱因是引导员工进行心理契约修复的重要因素之一（Rousseau et al.，2018）。员工战略共识是员工对组织战略的理解和认同（赵莉等，2023），是员工在组织中的认知资源。因此，本研究选择员工战略共识作为心理契约破裂后修复机制的边界条件。“认知调节”修复机制分析了挑战性评价在心理契约破裂和心理契约修复之间的中介作用，以及挑战性评价对员工战略共识的调节作用。“情绪—行为调节”修复机制分析了失望和懊悔情绪以及众利式建言在心理契约破裂和心理契约修复之间的链式中介作用，以及其对员工战略共识的调节作用。

1.2 研究目标

本研究将员工视为主动应对心理契约破裂的一方，基于自我调节理论和认知评价理论，构建员工心理契约破裂后的修复机制，分析员工心理契约破裂后在认知、情绪和行为方面采取的应对策略以及这些应对策略对心理契约修复的作用。具体研究目标有三项。

一是构建心理契约破裂后员工通过“认知调节”修复心理契约的机制。本研究构建了以挑战性评价为中介变量，以员工战略共识为调节变量的心理契约修复模型，解释了员工在心理契约破裂时对挑战性评价的作用机制以及挑战性评价对心理契约修复的作用机制，分析了员工战略共识在心理契约破裂与挑战性评价之间的调节作用。剖析员工认知资源，帮助员工进行有效的认知调节。

二是构建心理契约破裂后员工通过“情绪—行为调节”修复心理契约的机制。本研究构建了以失望和懊悔情绪与众利式建言为链式中介，以员工战略共识为调节变量的心理契约修复模型，解释了心理契约破裂后员工通过控制负面情绪的程度和类型以及采取何种调节行为改变心理契约破裂的现状，从而达到心理契约修复的目标，分析员工战略共识在心理契约破裂与失望和懊悔情绪之间的调节作用，剖析员工认知资源在员工的情绪认知评价过程中是如何帮助员工进行有效自我调节的。

三是基于本研究的结果，提出促进员工心理契约修复的管理建议。在VUCA时代，企业完全履行心理契约责任变得越来越困难。根据本研究的结果，从企业层面提出相应策略和建议，干预员工心理契约的修复过程，为帮助加快员工心理契约修复进程提供相应的指导。同时，本研究还从员工视角分析心理契约破裂的修复机制，在组织无法提供修复策略或无法提供组织支持时为员工的心理契约修复提供指导。

1.3 研究意义

本研究基于自我调节理论和认知评价理论，从员工视角出发，对心理契约破裂后员工在认知、情绪和行为方面采取的应对策略进行系统分析，并探索这些应对策略对心理契约修复的作用。本研究具有一定的理论意义与实践价值。

1.3.1 理论意义

第一，本研究从员工视角揭示了心理契约破裂后的修复机制，深入分析了心理契约的动态性特征，丰富和扩展了心理契约理论。目前关于心理契约的

“形成—维持—破裂—损伤或失效”的链式研究相对丰富，但是关于心理契约的“形成—维持—破裂—修复”的韧性研究相对薄弱，尤其缺乏从员工视角深入、系统地分析心理契约破裂后的修复机制的研究。本研究根据自我调节理论和认知评价理论，系统分析了员工心理契约破裂后在认知、情绪与行为等方面采取的应对策略以及这些应对策略对心理契约修复的作用，深化了对心理契约修复过程的认识，丰富了动态心理契约理论。

第二，本研究整合自我调节理论和认知评价理论，认为心理契约破裂引发员工失望和懊悔的负面情绪，会激发员工做出积极的众利式建言行为这一应对，这给当前关于负面情绪与消极行为更为相关的研究带来了一定的启示，丰富了对情绪和行为之间关系的研究。失望和懊悔的负面情绪以及众利式建言行为是员工在心理契约破裂后为了与组织建立匹配的雇佣关系而做出的适应性调整。当前研究表明，个体产生负面情绪后，通常采用消极行为进行自我调节。本研究认为，在工作场所中，员工的认知和对理想目标的追求能够促使员工控制自身的消极行为，从而选择有利于目标实现的、更具策略性的行为。也就是说，员工的消极情绪会引发积极行为，情绪在促使员工做出积极的适应性行为的过程中发挥了关键作用，这深化了对情绪和行为之间关系的研究。

第三，本研究认为员工心理契约破裂会引发员工采取积极的应对策略，扩充了对心理契约破裂对员工的影响研究。当前关于心理契约破裂的研究主要基于社会交换理论和该理论中的互惠原则展开。社会交换理论基于强化心理学的“刺激—反应”观点（Emerson，1976），认为心理契约破裂后，员工在外部负面事件的刺激下会出现相应的消极反应。但是强化心理学忽视了员工认知在心理契约破裂后的调节作用。心理契约是员工的认知过程（Rousseau et al.，2018），员工的自我调节贯穿于心理契约动态发展的全过程（Rousseau，2010）。本研究基于自我调节理论和认知评价理论，认为员工认知在心理契约破裂后所发挥的调节作用，能够帮助员工采取更具战略性和富有弹性的应对策略，促进心理契约的修复，丰富了对心理契约破裂的影响研究。

第四，本研究认为众利式建言行为是员工在心理契约破裂后做出的具有积极意义的应对，是员工在环境刺激下通过自我调节做出的适应性行为，这在一定程度上深化和丰富了组织中建言的内涵。当前研究一般认为建言是员工的角色外或组织公民行为，对建言者而言具有一定的风险（Dyne & LePine，1998；罗瑾琏等，2022）。通过对员工建言不同动机的分析，本研究认为，当员工自身利益受到损害或受到不公平对待时，为了改变现状会做出众利式建言行为，这是员工在感知外界环境的刺激后进行自我调节时对环境做出的适应性反应，该行为深化了不同动机下员工建言的内涵以及建言对员工意义的认知。

第五，本研究探索了员工战略共识对员工与组织之间雇佣关系的影响，扩充了对员工战略共识影响的研究。最初，对员工战略共识影响的研究集中在提升组织绩效方面，后来发展到对员工行为的影响上（黄再胜，2011；于海云等，2022）。员工战略共识是员工在组织中的认知资源，对员工积极应对心理契约破裂具有重要作用（Tomprou et al.，2015）。并且，个体的自我调节过程是耗费认知资源的过程（Burgess et al.，2022；Lord et al.，2010）。本研究将员工战略共识作为调节变量，分析员工战略共识如何帮助员工在心理契约破裂后形成积极的认知评价、调节负面情绪的程度和类型，从而帮助员工采取有利于员工与组织的雇佣关系的应对策略，进而促进心理契约修复，将员工战略共识的影响延伸至员工与组织的关系上，扩充员工战略共识对员工和组织影响的研究。

1.3.2 实践意义

本研究构建了员工心理契约破裂后的修复机制，为 VUCA 时代的企业与员工维持高质量雇佣关系提供指导，保障企业实现高质量创新发展。当前，我国经济进入高质量发展阶段，创新成为第一动力，员工是企业创新的主体。高质量的工作关系是员工成长和获得工作灵感的重要条件。然而，在当前 VUCA 时代，企业与员工之间的责任与义务关系不断发生变化，企业完全履行其对员工的责任变得越来越困难。当企业意识到无法履行或无法完全履行既定的责任，可能引发员工心理契约破裂时，应该采取一定的措施引导员工心理契约向积极方向发展。比如，在心理契约破裂前，向员工提供充分的信息和解释，引导员工对心理契约破裂形成积极的挑战性评价，以缓解心理契约破裂给员工带来的负面情绪。在员工感知心理契约破裂、进行自我调节的过程中，对员工表现出来的诉求给予充分的理解、支持和可能的回应，在一定程度上缓解心理契约破裂事件给员工带来的负面冲击。在日常管理中，企业应该营造积极向上和友好互助的工作氛围，引导员工从积极的角度分析问题，帮助员工解决问题，加强组织与员工之间的凝聚力，建立与维护员工与企业之间高质量的工作关系，帮助企业实现高质量的创新发展。

本研究从员工视角剖析了员工在心理契约破裂后通过自我调节进行修复的过程，当企业无法提供组织支持或修复策略时，为企业与员工建立能够抵抗和适应压力的高质量雇佣关系提供指导。心理契约是员工感知其与企业对彼此应尽责任的期待，具体契约内容不一定得到企业的认可，心理契约破裂是员工的个人感知，企业不一定能够意识到员工心理契约的破裂，从而无法及时提供组织支持或修复策略。另外，随着新技术变革带来的工作性质的变化和零工经济的兴起，员工在新的工作形式下与企业的关系不似传统组织与员工之间的关系那么紧密，员工心理契约破裂更不易被察觉。本研究认为，心理契约破裂后，员工的自我调节能力能够有效帮助员工进行心理契约修复。因此，企业在日常管理过程中，应通过课程培训、案例讲解等方式，提高员工在压力下的自我调节能力和情绪的自我管理能力，鼓励员工积极应对压力事件，提高员工在组织中的生存和适应能力，这些有助于员工与组织建立起能够适应外部环境不断变化的雇佣关系。

本研究认为员工战略共识能够帮助员工在心理契约破裂后进行有效的自我调节，从而促进员工心理契约修复，因此，本研究可以为处于改革或转型时期的企业员工心理契约管理提供一定的指导。本研究认为，员工战略共识作为员工在组织中的认知资源，能够帮助员工在心理契约破裂后进行有效的认知、情绪和行为调节，从而达到理想的心理契约修复目标。因此，处于改革或转型期的企业，应该重视员工对企业战略变化的理解，并努力与员工达成战略共识。企业在制定或调整战略时，应向员工提供充分的信息，与员工充分沟通，帮助员工深化对企业战略的理解和认识，使员工了解企业的战略目标和实现路径，鼓励员工将自身的职业规划与企业的战略目标紧密联系，在利益上、价值观上与员工形成共同体。如此一来，能够有效缓冲心理契约破裂给员工带来的负面影响，减少或消除企业因改革或转型可能遇到的阻力，从而实现创新发展。

1.4 研究内容、研究方法和技术路线

1.4.1 研究内容

本研究围绕“员工心理契约破裂后修复”这一主题展开。首先，通过现象观察和理论分析，引出对心理契约破裂后的修复机制的思考。然后，通过对相关理论和概念文献的回顾，构建员工心理契约破裂后通过“认知调节”和“情绪—行为调节”两条修复路径，提出研究假设，并对假设进行定量研究和检验。为了提高研究结果的可靠性，本研究运用扎根理论对心理契约破裂后的修复机制开展定性研究，为定量研究结果提供有力的支撑和有益的补充。最后，根据研究结论，就员工心理契约破裂后的修复提出管理建议。具体而言，本研究的框架结构如下。

绪论，介绍本研究的研究背景，明确研究目标，阐释研究意义，确定研究方法、框架结构、技术路线，提出本研究的创新之处。

文献综述，梳理心理契约破裂、心理契约修复、挑战性评价、失望和懊悔、众利式建言和员工战略共识等概念的定义、结构维度、测量、前因和结果等，总结目前研究的主要观点和尚需深入研究之处，提出研究问题。

理论基础，介绍自我调节理论和认知评价理论的核心内容。

员工心理契约破裂后的修复机制的理论研究，阐述了员工心理契约破裂后的修复机制的内在逻辑。

心理契约破裂后基于认知调节的修复机制研究，构建员工心理契约破裂后的认知调节修复机制模型，并采用多阶段的问卷调查对模型进行了验证。

心理契约破裂后基于“情绪—行为”调节的修复机制研究，根据自我调节理论和情绪认知评价理论，构建员工心理契约破裂后的“情绪—行为”调节修复机制模型，并采用多阶段的问卷调查和两项实验对模型进行了验证。

研究结论与展望，总结本研究的结论，阐释本研究的理论贡献和管理启示，并针对不足，提出对未来研究的展望。

1.4.2 研究方法和技术路线

根据研究内容的需要，本研究采取定量和定性研究方法，探索心理契约破裂后员工的认知调节修复机制和“情绪—行为”调节修复机制，综合运用文献分析法、问卷调查法、实验法等方法，具体阐述如下。

（1）文献分析法

本研究利用中国知网全文数据库、Web of Science、SAGE、Wiley 等数据库，回顾和梳理心理契约破裂、挑战性评价、失望和懊悔、众利式建言、员工战略共识和心理契约修复的相关文献，深入分析自我调节理论和认知评价理论，为确定研究问题、构建理论模型和分析研究结论等奠定坚实的基础。

（2）问卷调查法

为了分析员工从心理契约破裂到修复的过程，本研究开展两项多阶段的问卷调查。两项问卷调查均基于具体的心理契约破裂事件，要求调查对象报告心理契约破裂事件，并随即开展问卷调查数据的收集和分析。员工的自我调节过程一般需要几分钟、几小时，甚至几天（Lord et al.，2010），结合 Solinger 等（2016）在员工报告心理契约破裂后每间隔一周进行一次调查的方法，本研究在员工报告心理契约破裂事件之后每间隔一周向被调查者发送问卷，测量相应的变量。具体而言，在验证员工基于“认知调节”的修复机制时，分四个时间点收集数据。在 T1 时间点，收集调查对象的员工战略共识、心理契约和人口统计学信息。一周之后，即 T2 时间点，要求调查对象报告在过去一周发生的心理契约破裂事件。在实际问卷中，对心理契约破裂进行适当的解释以便于调查对象理解其意思并准确报告事件，然后邀请调查对象填写心理契约破裂和心理契约量表。一周之后，即 T3 时间点，邀请调查对象填写挑战性评价和阻碍性评价量表。一周之后，即 T4 时间点，邀请调查对象填写心理契约修复量表和工作退缩行为量表。如果调查对象在 T2 时间点报告没有发生心理契约破裂事件，则在一周之后继续询问这部分调查对象；对于报告了心理契约破裂事件的调查对象，则按照上述程序随即开展 T3 时间点和 T4 时间点的调查。在验证员工基于“情绪—行为调节”的修复机制时，基本遵循以上步骤。由于“情绪—行为调节”修复机制中出现了失望和懊悔情绪以及众利式建言的链式中介，因此本次调查分为五个阶段，即在 T3 时间点邀请调查对象填写失望和懊悔情绪量表。一周之后，即 T4 时间点，邀请调查对象填写众利式建言量表。一周之后，即 T5 时间点，邀请调查对象填写心理契约修复量表。运用 Mplus 7.0 软件和 SPSS 22.0 软件分析相应的数据。

（3）实验法

实验法适合解释变量之间的因果关系。本研究采用情境实验法，操纵变量，辅助分析理论模型中变量之间的因果关系，以增强本研究的内部效度。然后运用 SPSS 22.0 软件分析数据。具体而言，本研究以大学生为研究对象，测量心理契约破裂对建言行为的影响，以验证这两个变量之间的因果关系，以增强研究的内部效度。

本研究的技术路线如图 1.1 所示。

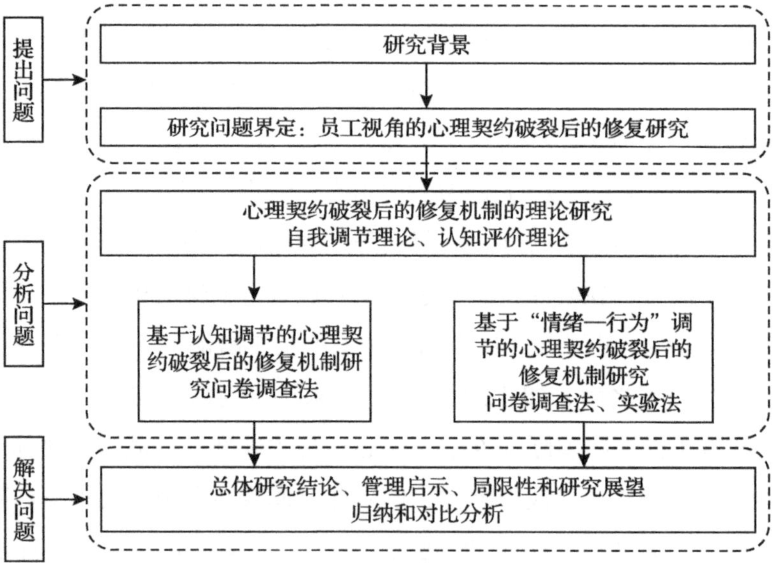

图 1.1　本研究的技术路线示意

1.5　主要创新点

一是本研究从员工视角出发，构建了员工心理契约破裂后通过自我调节修复心理契约的机制，与当前基于组织视角的心理契约修复研究形成互补，丰富了对动态心理契约的研究。虽然近年来关于心理契约破裂后修复的相关研究得到越来越多学者的关注，但是目前关于心理契约破裂后的修复研究主要基于组织视角展开，对于员工主动应对心理契约破裂并驱动心理契约动态发展的研究尚未深入。员工心理契约破裂后，组织采取的完全补偿、部分补偿、否认、道歉等修复策略能够有效提升员工对组织的信任度并缓解员工的负面情绪（Henderson et al.，2020）。Solinger等（2016）的研究表明，心理契约破裂后，组织支持与员工承诺恢复呈正相关关系。当前对于员工心理契约破裂后能否得到修复的观点还未达成一致，主要是由于研究主要基于组织视角研究组织修复策略或组织制度对员工心理契约修复的影响。心理契约破裂是员工对组织未能履行组织责任的感知，组织修复策略或组织制度作为外在环境因素，对员工的内在感知的影响因人而异，因而产生了关于心理契约破裂后能否得到修复的不同观点。近年来，一些学者关注到员工在驱动心理契约变化过程中所发挥的作用。Tomprou等（2015）提出员工心理契约破裂后可能得到修复，并尝试从员工的视角分析了心理契约破裂后的变化。Bankins（2015）通过访谈发现，心理契约破裂后通过补救措施（remedies）或缓冲措施（buffers）能够达到修复的目的，并强调在心理契约修复或变化过程中，员工扮演着积极、主动适应的角色。然而，基于员工视角的心理契约修复研究尚处于初步阶段，研究多采用访谈法进行定性分析。员工在心理契约破裂后会采取何种应对策略驱动心理契约修复尚需要进一步的理论分析和实证研究。本研究基于自我调节理论和认知评价理论，将员工视为主动应对心理契约破裂的一方，突出员工的主动角色，认为心理契约破裂后虽然员工出现负面情绪和阻碍性评价，但是在认知调节和追求自身利益动机的驱使下，仍会做出积极的认知和行为上的反应策略，从而有助于其心理契约的修复，揭示员工在内在标准和自我反应影响下的自我调节机制的心理契约修复过程，丰富了对心理契约修复以及心理契约动态性特征的研究。

二是本研究认为员工在心理契约破裂后，会采取有利于员工和组织的应对策略，这与当前普遍认为心理契约破裂会引发员工消极反应的观点形成对照，扩充了心理契约破裂对员工影响的研究。当前研究大多认为心理契约破裂会引发员工消极行为（代同亮等，2022；张璇等，2017）。心理契约研究的主要理论之一是社会交换理论，该理论借助强化心理学的“刺激—反应”观点，认为心理契约破裂后，员工在外部负面事件的刺激下会出现相应的消极反应，为心理契约破裂后员工出现负面反应的研究提供了理论支撑。但是强化心理学忽视了员工认知的调节作用。心理契约是员工的认知过程，员工的自我调节贯穿于心理契约动态发展的全过程（Rousseau，2010）。本研究基于自我调节理论和认知评价理论，认为在认知调节和追求自身利益动机的驱使下，员工会对心理契约形成积极的挑战性评价，从而促进心理契约修复。同时，本研究认为员工通过对心理契约破裂进行理性归因分析，会产生失望和懊悔的负面情绪，其在减少负面情绪和重新建立有效心理契约的目标驱使下，会做出具有针对性的、更具策略性和积极意义的众利式建言行为，进而达到心理契约修复的目标。此外，员工战略共识作为员工的认知资源能够帮助员工进行有效的自我调节，有助于员工采取更具弹性和更具策略性的积极反应策略，拓宽了心理契约破裂对员工影响的研究范围。

三是本研究通过心理契约的概念将“交易”这一要素纳入组织中的关系修复研究，深化了组织中的关系研究。破裂是关系成熟的一个节点，即促使关系从一个状态向另一个状态转变（Tripp et al.，2007）。目前组织中关于关系修复的研究内容聚焦于关系破裂的前因、后果以及能够缓冲关系破裂、帮助关系修复的品质特征上（Olekalns et al.，2020）。Thompson 和 Ravlin（2016）认为，交换是维持关系的基本要素。心理契约是员工对其与组织彼此应尽责任的期待，是员工对其与组织之间的交换关系的感知和理解（Tomprou et al.，2015）。本研究通过研究心理契约从破裂到修复的过程，将交易这个维系关系的底层逻辑引入关系修复研究中，探讨员工在追求理想目标和自身利益的驱动下，是如何调节自身的认知、情绪和行为，以达到关系修复的调节目标的，深化了对组织中关系修复研究内在机制的认识。

另外，本研究采用基于具体心理契约破裂事件的多阶段问卷调查法，并结合实验法和扎根理论共同验证研究假设，这是本研究的特色。由于员工通过具体事件感知心理契约的动态变化，并且，心理契约从破裂到修复是一个过程，因此，本研究采用多阶段问卷调查法，邀请调查对象报告近期（即一周内）发生的具体心理契约破裂事件，随即开展多阶段的调查（每次调查间隔一周），测量调查对象在具体心理契约破裂事件发生之后的状态，并分析心理契约破裂后的修复过程。同时，为了提升本研究的内部效度，采用实验法辅助验证部分研究假设。这也是实验法在心理契约研究中的尝试。另外，本研究采用扎根理论，通过访谈的方式，对核心研究假设进行验证，并对心理契约破裂后的修复过程进行了有益的补充说明，提高了本研究的外部效度。

2 文献综述

2.1 心理契约破裂

2.1.1 心理契约破裂的概念

心理契约一词首先由 Argyris（1960）提出，用来形容员工与经理之间的默契，后经 Levinson 等（1962）、Schein（1965）等的研究，其概念进一步明确为员工与组织双方对彼此应尽责任和义务的期待和信念，这种期待和信念会影响员工在组织中的态度和行为。由于心理契约中组织一方的代表难以确定，Rousseau（1989）提出，心理契约是员工单方面对于其与组织对彼此应该承担责任的信念。魏峰和张文贤（2004）认为心理契约有广义和狭义之分。从广义角度讲，心理契约是指组织和员工双方在各种正式（组织制度、规章等）和非正式（口头表述等）承诺的基础上形成的对彼此应当承担义务的理解，研究视角是契约双方，即从员工和组织双方视角，开展关于组织所理解的组织责任和员工责任，员工所理解的组织责任和员工责任的研究，形成"双维度、四方格"的心理契约研究（魏峰和张文贤，2004）。这一研究视角的代表人物包括 Chen 等（2008）、Herriot 等（1994）。从狭义角度讲，心理契约是指员工单方面基于对组织制度、规章、惯例和组织代理人的承诺等的理解，产生的关于其与组织对彼此应当承担义务的理解，而这些理解并不一定被组织代理人意识到或接受，研究视角是员工单方，即基于员工单方视角，开展关于员工所理解的组织责任和员工责任的研究，形成"单维度、两方格"的心理契约研究（魏峰和张文贤，2004）。这一研究视角的代表人物包括 Rousseau（1989）、Robinson 和 Morrison（2000）等。虽然这两种视角的研究都在进行着，但是基于狭义的心理契约研究的力度大大超过了广义的心理契约研究（魏峰和张文贤，2004）。

心理契约破裂是基于狭义的心理契约研究而提出的概念。Morrison 和 Robinson（1997）在狭义的心理契约概念的基础上，将心理契约破裂定义为员工对组织未能履行其应该履行的责任的感知。王永跃和段锦云（2014）将心理契约破裂定义为员工对组织没有有效履行契约的情况产生的一种负面评价。马旭军和宗刚（2015）提出心理契约破裂是员工的一种认知评价，评价对象是组织对心理契约的履行情况。占小军等（2017）认为心理契约破裂是交易双方中，一方对于另一方没有履行承诺、义务等的感知。这些研究都将心理契约破裂定义为员工对负面事件的感知，即员工认为组织未能履行或未能充分履行其应履行的责任，而忽视了另一种更加积极的可能，即员工认为组织过度履行其应履行的责任（杨杰等，2003a）。

另外，心理契约破裂和心理契约违背（psychological contract violation）是两个关联性很强且容易混淆的概念。如前所述，心理契约破裂是员工对组织未能履行或未能充分履行其应履行的责任的感知，而心理契约违背则是由于心理契约破裂而引起的强烈的负面情绪（Robinson & Morrison，2000）。目前，大部分研究都是以此来区分这两个概念的。杨杰等（2003b）认为心理契约破裂与心理契约违背的差别并不是体现在时间的先后上，也不是认知评价与情感反应的差别，而是反映在关系主体对另一方契约履行内容和程度的认同上。

2.1.2 心理契约破裂的内容与结构维度

心理契约破裂以心理契约的内容与结构维度为基础而展开的。关于心理契约的内容与结构维度的研究非常丰富，主要有二维和三维之说。一般认为，心理契约可以分为两大类：交易型心理契约和关系型心理契约。交易型心理契约是以经济交换为基础，员工为了得到组织提供的高额报酬、绩效奖励、职业培训和更好的职业发展空间，愿意工作更长的时间以及承担岗位职责之外的工作（Rousseau，1990）。关系型心理契约以社会情感交换为基础，即员工为了得到组织承诺的长期工作保障，愿意在组织中长期工作、给予组织忠诚和接受内部工作调整的安排（Rousseau，1990）。交易型心理契约和关系型心理契约的二维度之分得到不少学者的支持（Robinson et al.，1994；Robinson，1996）。

另外，还有学者从契约责任的性质角度将其分为内在心理契约和外在心理契约。内在心理契约是与工作性质有关的责任，如工作挑战性、工作组织性等；外在心理契约是与工作结果相关的责任，如工作报酬和工作条件等（Kichul & Lester，2001）。陈加州等（2003）认为心理契约由现实责任和发展责任两个因素构成。员工的现实责任包括提高效益、提升工作技能、遵守制度、完成本职工作、维护组织形象等为了维持组织当前正常运行所应当承担的责任。员工的发展责任包括长期稳定在组织内工作、接受组织工作安排，与同事、领导建立并维持良好关系，将自身工作目标和组织发展结合起来，接受本职工作外的任务，向组织提出建议等为了组织长期发展所应当承担的责任（陈加州等，2003）。组织的现实责任包括提供良好的工作条件、奖金奖品、安全的工作环境、尊重员工、听取员工意见、与员工沟通等为了维持员工当前正常工作和生活所应当承担的责任。组织的发展责任包括向员工提供稳定的工作、福利、适时加薪调资、提供文化娱乐活动、参与决策和绩效奖励等维持员工长期工作和生活所应当承担的责任（陈加州等，2003）。

也有学者认为，心理契约有三个维度。Cunningham（2010）认为，员工与组织之间除了交易型心理契约和关系型心理契约，还存在以服务他人（排除组织与员工的第三者）为宗旨的理念型心理契约。Shapiro 和 Kessler（2000）在交易型和关系型责任划分的基础上，增加了培训责任，认为组织有责任为员工提供最新的工作技能的培训或者完成工作的必要培训。李原和孙健敏（2006）突出了中国文化中人际和社会关系方面的内容，认为我国企业与员工之间的心理契约存在三维，包含规范、人际和发展责任。组织对员工的规范责任包括向员工提供明确的工作环境和待遇；组织对员工的人际责任包括保障良好的工作人际环境、关心员工生活、为员工解决困难等；组织对员工的发展责任包括为员工提供职业发展空间，充分发挥员工的技能水平和潜能（李原和孙健敏，2006）。员工对组织的规范责任指遵守制度、承担明确的工作任务和职责；员工对组织的人际责任指为组织营造、维护良好的工作或人际环境，如帮助同事；员工对组织的发展责任指员工主动做出额外的努力，为了企业发展承担其他工作任务（李原和孙健敏，2006）。李燚等（2006）认为组织与管理者之间除了交易型心理契约和关系型心理契约，还存在与管理职能有关的（如授权、绩效奖励等）管理型心理契约。朱晓妹和王重鸣（2005）认为，除了经济和情感需求，中国知识型员工更看重其职业未来的发展，组织责任包括发展机会、物质激励和环境支持；员工责任包括遵循规范、组织认同和创业导向三个维度。

心理契约破裂包括交易型心理契约破裂和关系型心理契约破裂（郭婷婷和李宝库，2019）。Kickul 和 Lester（2001）与郭心毅和谢家智（2016）认为心理契约破裂可分为与工作本身相关的内在承诺破裂和与工作完成情况相关的外在承诺破裂两个维度。马旭军和宗刚（2015）认为心理契约破裂可以分成工作支持型、人际关系型、交易型以及成长与发展型四个维度。

2.1.3 心理契约破裂的测量

现有研究通常将心理契约破裂视为比较宽泛的概念进行测量（Kiefer et al.，2022），如询问员工认为组织在薪资、培训等方面履行或违背责任的程度（Lee et al.，2011），或者采用整体评价的方式进行测量，即询问员工就雇主是否履行其承诺的整体感知（Zhao et al.，2007）。Robinson 等（1994）首先邀请员工就雇主应当承担的责任进行评分，所列的雇主责任包括快速进步、可观的薪资、基于绩效的薪资、培训、长期工作安全、职业发展和对个人遇到的难题的支持等，采用李克特（Likert）5 点量表进行评价，“1”表示“一点也不”，“5”表示“非常高”。然后，询问员工其雇主在履行责任方面的表现，同样采用李克特 5 点量表进行评价，“1”表示“履行得非常好”，“5”表示“履行得非常差”，分数越高，说明心理契约违背水平越高。虽然该量表的名称是心理契约违背，但是测量的是员工对于其雇主履行心理契约责任程度的评价，这其实就是后来 Morrison 和 Robinson（1997）所界定的心理契约破裂的概念。Morrison 和 Robinson（1997）从概念上将心理契约破裂和心理契约违背区分开来。Robinson 和 Morrison（2000）通过实证研究，开发出心理契约破裂和心理契约违背量表。心理契约破裂量表包含 5 个题项，分别是“到目前为止，我的雇主在招聘时做出的承诺几乎都得到了兑现”（反向计分）、“我觉得我的雇主已经履行了雇用我时对我所做出的承诺”（反向计分）、“到目前为止，我的雇主在履行对我的承诺方面做得非常好”（反向计分）、“依照我所做出的贡献，我还没有得到雇主承诺给我的回报”以及“尽管我遵守了我的承诺，我的雇主违背了对我做出的许多承诺”，采用李克特5点量表，“1”表示非常不赞同，“5”表示“非常赞同”。Tekleab等（2005）参照Robinson等（1994）的测量方式，使用3个题项测量大学教师的心理契约破裂情况，这3个题项分别为“对我来说，大学没有履行它对我做的承诺”、“学校在履行对我的义务方面做得很好”（反向计分）以及“大学已经履行了对我承诺的最重要的义务”（反向计分）。

2.1.4 心理契约破裂的前因

Shapiro和Kessler（2000）的研究表明，大部分调查对象都经历过心理契约破裂。一般来说，心理契约破裂的原因分为个人特质、组织因素和外部环境三个方面。影响员工心理契约破裂的个人特质因素包括员工的价值观（郭心毅和谢家智，2016）、大五人格（Shih & Chuang，2013）、归因风格（白艳莉，2015）、组织政治知觉（魏峰等，2015）、组织环境感知（Rosen et al.，2009）和心理契约破裂历史经历（Bal et al.，2008）等。影响心理契约破裂的组织因素主要是组织公平，包括分配公平（白艳莉，2015）、程序公平（Restubog et al.，2009）和互动公平（Hermida & Luchman，2013）。影响心理契约破裂的外部环境主要是外部比较和并购动荡（郑子林，2014）。

此外，Morrison和Robinson（1997）提出了心理契约违背的发展模型，认为员工感知到心理契约破裂最初源于企业拒绝履约和企业与员工理解不一致这两个因素。Turnley和Feldman（1999）认为心理契约破裂由雇员期望的来源、心理契约破裂的具体因素和企业食言本身的性质三个因素造成。

2.1.5 心理契约破裂的结果

心理契约破裂是员工对组织未能按照既定的心理契约参照标准履行其应该履行的责任的感知（Morrison & Robinson，1997）。自从Morrison和Robinson（1997）界定了心理契约破裂的概念以来，大量研究表明，心理契约破裂会引起员工情感、态度和行为上的消极反应。情感上的消极反应包括员工心理契约违背（Morrison & Robinson，1997）、组织承诺降低（Lapalme et al.，2011）、工作满意度下降（Wang & Hsieh，2014）、对组织的敌意（Shaffakat et al.，2022）等。态度上的消极反应包括工作满意度下降（Wang & Hsieh，2014）、离职意愿增强（Zhao et al.，2007）、组织信任降低（Lapalme et al.，2011）、组织认同感降低（Zagenczyk et al.，2013）、负向互惠信念（魏峰等，2015）等。行为上的消极反应包括反社会行为（Robinson，1996；魏峰等，2015）、知识分享行为减少（付晔和钟熙，2020）、非伦理行为增加（钟熙等，2020）以及员工职场越轨（Shaffakat et al.，2021）等。

Turnley 和 Feldman（1999）认为心理契约破裂与其负面结果之间存在个体因素、组织因素和劳动力市场状况的调节作用，并且认为如果组织采取了一系列的补救或补偿措施，员工就不太可能采取消极的行为反应。

然而，近年来，越来越多的研究表明，员工在心理契约破裂后不一定做出消极被动的反应，也有可能做出积极的反应，如心理契约破裂与员工建言行为正相关（Kraak et al.，2019；Schalk et al.，2018；Tomprou et al.，2015；Turnley & Feldman，1999）。但是，对员工在心理契约破裂后可能出现的积极行为的作用机制的研究尚未深入。Kiazad 等（2014）从资源保存理论视角分析，认为员工心理契约破裂使员工失去一部分资源，员工会从事工作角色创新（work-role innovation）以重新获取该资源，同时，工作角色创新需要耗费个体资源（时间、精力等），员工也有可能为了保存剩下的资源而减少工作角色创新行为。

总体而言，目前关于心理契约破裂的负面影响的研究比较丰富，形成了关于心理契约的“建立—维持—破裂—损伤或失效”的链式研究。这一链式研究将员工视为心理契约破裂的被动应对者，认为心理契约破裂意味着员工感知到组织未能履行或未能充分履行其应该履行的责任和义务，组织与员工之间的互惠交换关系受到阻碍，员工会相应地减少对组织的付出，表现出消极的反应。对于员工在感知到心理契约破裂后如何主动采取积极的应对策略的研究尚处于初步阶段。

2.2 心理契约修复

虽然心理契约破裂与心理契约违背之间存在强相关关系，但是心理契约违背不是心理契约破裂的唯一结果，心理契约破裂也有可能得到修复。近几年，围绕心理契约破裂后的重建与修复的研究开始出现，为心理契约的理论研究指明了新的方向，关于员工心理契约破裂后的修复研究开始得到重视（魏峰等，2017）。

2.2.1 心理契约修复的概念

心理契约修复，有学者将其称为 psychological contract reactivation 或 psychological contract repair，这一概念出现在 Tomprou 等（2015）的心理契约“后违背”模型中。Tomprou 等（2015）认为，员工心理契约破裂后可能出现的心理契约状态包括心理契约繁荣（psychological contract thriving）、心理契约修复（psychological contract reactivation）、心理契约损伤（psychological contract impairment）和心理契约失效（psychological contract dissolution）四种结果。心理契约繁荣是指员工在心理契约破裂后与组织达成了新的、对员工或双方更有利的心理契约。心理契约繁荣一般产生于心理契约破裂后，新的知识和技能的使用和习得能够增加员工长期福祉和利益的积极变化，这种积极变化取代了心理契约破裂带来的负面情绪。心理契约修复是指员工心理契约破裂后，其心理契约回到破裂前的状态，员工仍然以破裂前的心理契约作为其认知和行为的参考标准。心理契约损伤是指员工接受修订过的、稍逊于破裂前的心理契约作为新的心理契约。心理契约失效是指员工不接受现状或新的心理契约，持续处于心理契约违背的状态。Bankins（2015）将心理契约修复（psychological contract repair）定义为员工在心理契约破裂后恢复到积极的心理契约感知的状态，尤其是当员工的关系型心理契约恢复到破裂前的关系型心理契约水平时，心理契约便得到了修复。员工从感知心理契约破裂到修复的过程对其认知能力要求非常高（Rousseau et al.，2018）。员工修复的目标在于减少负面情绪，与组织重新建立有效的心理契约（Rousseau et al.，2018）。

心理契约重建是与心理契约修复相关的另一个概念。目前，关于心理契约重建的研究大多是在企业合并或改革的背景下，从预防员工心理契约破裂或违背的角度提出的一些预防性措施或建议，相关实证研究很少（郑子林，2014）。朱学红等（2007）认为科技创新团队成员之间心理契约的重建重点是在契约发展阶段的有效沟通和满意的解释。

总体而言，心理契约修复是指员工在心理契约破裂后能够与组织重新建立有效的责任和义务关系，恢复到正常的心理契约水平状态。

2.2.2 心理契约修复机制研究

目前研究中关于心理契约破裂后能否修复存在不同的观点。有学者认为，员工心理契约破裂后能够得到修复。Cunningham（2010）的研究表明，在提供志愿服务的组织中，员工理念型心理契约能够缓冲因交易型或关系型心理契约破裂而带来的负面影响，并认为心理契约受到压力时员工会表现出一定的抗压与适应能力。员工理念型心理契约受到冲击之后，其工作努力程度没有受到显著影响，甚至会比破裂前更加努力地工作（Vantilborgh et al.，2014；Jones & Griep，2018）。即使员工心理契约出现裂痕，仍可通过积极的修复策略使心理契约修复到破裂前的状态或比破裂前更理想的状态（Tomprou et al.，2015；郭婷婷和李宝库，2019）。也有学者认为，心理契约破裂或违背后很难修复。徐岩等（2014）基于随机尖点突变理论，认为心理契约从违背到重新建立这一过程对组织氛围的要求远远大于从建立到破坏所需组织氛围的要求，这说明心理契约一旦被违背，很难重新建立，或者要付出比初始建立所需成本更高的代价才可能重新建立。秦昕和鞠冬（2011）认为组织承诺破坏会显著降低员工的心理契约满足感，而员工的心理契约满足感在组织承诺恢复后会回升，但不能完全恢复。

目前，关于心理契约如何修复的研究主要从组织和员工两个视角展开。组织视角的研究主要基于信任修复和组织公平理论视角，探讨组织的响应或补救措施对心理契约修复的影响（Henderson et al.，2020）。员工视角的研究主要基于过程视角，探讨员工在心理契约动态变化过程中的积极推动作用（Bankins，2015）。

具体而言，基于组织视角的研究认为，心理契约破裂后组织的响应措施对心理契约的修复发挥着重要作用。Henderson 等（2020）认为，完全补偿、部分补偿、否认、道歉等修复策略能够有效提升员工对组织的信任并减轻员工的负面情绪。郭婷婷和李宝库（2019）论证了在网络购物服务失误情境下服务补救对顾客心理契约破裂具有修复作用，他们认为，无论在何种服务失误情境下，顾客关系型心理契约破裂的程度均高于交易型心理契约破裂的程度，快速响应对顾客心理契约破裂具有非常重要的削弱和防范作用。贾天兵等（2018）认为在组织中，提高利益分享和风险承担比例能够与员工交易型心理契约更加匹配，当公司激励系数处于高水平时，工作检查对心理契约重建不起作用，当公司激励系数处于低水平时，工作检查能够有效提高交易型心理契约的重建。朱学红等（2007）认为，科技创新团队心理契约的重建首先要改变心理契约的基础，如团队文化、团队制度和团队核心理念的变化，团队内部动态平衡的重构等，并提出科技创新团队心理契约的重建包括四个部分：制定心理契约重建的目标和验证标准；提出符合团队要求的心理契约并制定具体方案；引导团队和成员在重建后的目标、团队文化、团队承诺和制度上保持一致；重建的维持和持续检验。有效沟通和解释是重建过程的关键（朱学红等，2007）。Solinger等（2016）通过追踪调查，剖析心理契约破裂后员工的组织承诺轨迹。结果表明，心理契约破裂后，组织支持与员工承诺恢复呈正相关关系，员工的承诺能恢复到破裂之前的水平。郑子林（2014）、蔡文著和杨慧（2016）等认为，对心理契约形成的动态过程进行干预，沟通机制和诱导机制可以预防其破裂，提高心理契约的适应能力。

基于员工视角的研究认为，员工在心理契约修复过程中发挥着重要作用。Bankins（2015）认为，心理契约破裂后，通过员工或组织代表人的补救措施（remedies）或缓冲措施（buffers）能够达到心理契约修复的目的，员工在此过程中扮演着积极、主动适应并驱动心理契约变化和修复的角色。补救措施是指由员工或经理做出的解决心理契约破裂事件的直接措施，如补偿、解决破裂事件等。如果补救措施有效，解决了心理契约破裂事件，便能修复心理契约。缓冲措施是指不直接解决心理契约破裂事件，而是通过积极的认知重建策略，重新评价破裂事件的意义，重新关注工作环境中的积极因素，如富有建设性的团队环境、为员工提供支持的社会关系等。这些措施能够有效缓解员工心理契约破裂后的负面情绪，达到心理契约修复的目的（Bankins，2015）。Tomprou等（2015）提出心理契约“后违背”模型，认为心理契约违背后，受组织的响应行为与员工的组织资源和特质资源的影响，员工会采取积极或消极两种策略应对。积极策略包括“关注问题策略”和“关注情绪策略”，从而带来积极的心理契约繁荣或心理契约恢复的结果。消极策略包括“心理脱离”（mental disengagement）和“行为脱离”（behavioral disengagement），从而带来消极的心理契约损伤或心理契约失效的结果。Schalk 和 Roe（2007）认为心理契约破裂后员工会引起纠正式反应（corrective responses），主动降低心理契约破裂事件带来的负面影响。

也有学者关注到组织和员工双方会通过不同的方式修复心理契约。王静（2013）通过案例分析证明了员工心理契约在公司并购过程中存在员工自我修复和组织修复的双环修复模型，但未具体解释修复的过程。

从以上分析来看，目前的研究对于心理契约破裂后能否得到修复的观点未能达成一致，可能在于研究视角的不同。心理契约破裂是员工一方对组织未履行或未充分履行责任的感知，心理契约修复同样是员工对其与组织双方责任的感知。基于组织视角分析组织的修复策略对员工感知的影响受诸多因素的影响，因而基于组织视角研究组织修复策略对心理契约修复的影响，可能得出“能得到修复”和“不能得到修复”的不同观点。基于员工视角分析员工在心理契约破裂后采取的应对策略以及这些应对策略对心理契约修复的影响，也许能够为心理契约修复研究带来新的启示。

2.3 心理契约破裂与心理契约修复的研究述评

心理契约是员工在与组织的互动过程中形成的关于员工与组织对彼此应尽义务的期待与信念，是存在于员工和组织之间的无形纽带（Baruch & Rousseau，2019）。当前心理契约的研究主要围绕心理契约履行、心理契约破裂、心理契约违背以及这三个变量对员工的情感、态度和行为的影响展开。对心理契约修复的研究还处于起步阶段，关于心理契约破裂后能否修复的观点还不统一，员工在心理契约破裂后具体会做出何种认知、情绪和行为上的变化，这些变化又是如何影响心理契约修复等问题尚不清晰，对于心理契约本身如何变化的动态性研究尚不够深入。本研究根据文献绘制出心理契约研究的两条发展路径，如图 2.1 所示。路径 1 是围绕当前研究相对丰富的心理契约“建立—维持—破裂—损伤或失效”的链式研究。该路径将员工视为被动接受心理契约破裂的角色，在心理契约破裂后，员工感知其与组织之间的互惠关系中断，引发消极反应，从而导致员工心理契约损伤或失效。路径 2 将员工视为主动应对心理契约破裂、驱动心理契约变化的个体，认为在心理契约破裂后员工会发挥积极作用，对心理契约破裂做出积极应对策略，从而修复心理契约。虽然近年来学者越来越重视对路径 2 的研究，但是大多以理论阐释、访谈等方式进行定性研究（Tomprou et al.，2015；Bankins，2015）。对于员工具体采取何种应对策略驱动心理契约向积极的方向发展，达到心理契约修复目的的研究尚不够深入。本研究基于员工视角，将员工视为主动适应心理契约破裂带来的变化的角色，探索员工在心理契约破裂后的认知、情绪和行为上的变化，以及这些变化在驱动心理契约向积极方向发展的修复机制，深化对动态心理契约理论的理解。

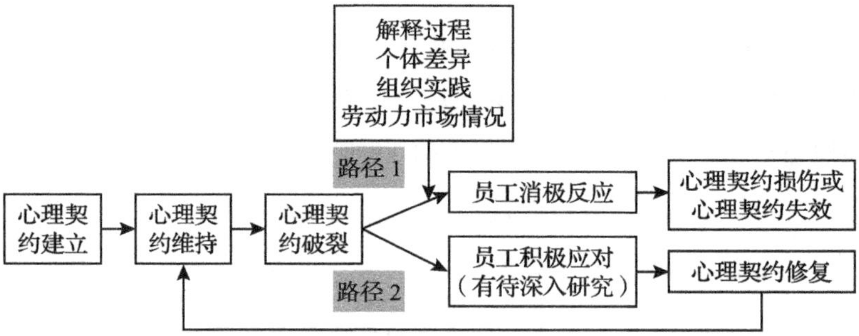

图 2.1　心理契约研究路径

注：本图根据文献绘制。当前研究主要集中在路径 1 的链式研究上。路径 2 为本研究关于心理契约破裂后的修复研究。

2.4　挑战性评价

2.4.1　挑战性评价的概念

挑战性评价是压力认知评价理论（Lazarus & Folkman，1984）中的一个概念。挑战性评价是个体通过初级评价（primary appraisal）和次级评价（secondary appraisal）过程，分析压力对自身福祉、目标的影响以及自身对压力事件的应对策略和能力等方面的表现后对压力做出的具有积极意义的评价。与挑战性评价对应的是阻碍性评价。阻碍性评价是个体通过初级评价和次级评价过程分析压力对自身福祉、目标的影响以及自身对压力事件的应对策略和能力等方面的表现后对压力做出的具有消极意义的评价。具体而言，在初级评价过程中，个体对于压力事件对自身产生有利还是有害的影响做出评价，如个体从压力事件对于自身的价值观和目标存在潜在的正面或者负面影响、自身的自尊受到尊重或者伤害等方面做出评价。在次级评价过程中，个体对是否能够做出克服或阻止伤害、增进正面影响的措施进行评价。也就是说，在这一阶段，个体对各种可能的应对策略进行评价，如改变现状、接受现状，寻找更多信息或者抑制冲动行为等（Folkman et al.，1986）。这两种评价过程决定了个体对其与环境的利害关系的认知（Folkman et al.，1986；刘淑桢等，2019）。如果个体认为压力事件会给其带来益处，或者个体能够控制压力事件或负面影响，则对压力形成挑战性评价（Folkman et al.，1986；姜福斌和王震，2022）。如果个体认为压力事件会给其带来损失或伤害，则形成对压力的阻碍性评价（Folkman et al.，1986；姜福斌和王震，2022）。挑战性评价是个体面对压力时，关注压力所带来的潜在机会和成长，将压力视为挑战的认知；阻碍性评价是个体面对压力时，关注压力限制个人成长和工作目标的实现而产生的认知（Mitchell et al.，2019）。

2.4.2 挑战性评价的测量

目前研究中对于挑战性评价的测量有单一题项和多项题项两种方法。Webster 等（2011）首先定义挑战性评价，然后采用单一题项测量，即询问调查对象“你认为……是挑战吗？”来测量挑战性评价。多数学者采用多项题项进行测量。Drach-Zahavy 和 Erez（2002）综合考虑压力认知评价理论中的初级评价和次级评价过程，采用六个题项对挑战性评价进行测量。挑战性评价的初级评价包括四个题项：“这项任务对我来讲是个挑战”“这项任务给了我一个运用我推理能力的机会”“这项任务给了我一个克服困难的机会”“这项任务给了我一个增强自尊的机会”。挑战性评价的次级评价包括两个题项：“总的来说，我认为我能够成功处理这项任务”和“我觉得，我有足够的能力来处理这项任务”。另外，也有学者采用该量表的四个题项，即初级评价进行相应的测量（周湾湾等，2023）。Mitchell 等（2019）从 Drach-Zahavy 和 Erez（2002）的挑战性评价量表中选择 3 个题项来测量挑战性评价。

2.4.3 挑战性评价的前因

目前对于挑战性评价的前因分析主要集中在压力事件的类型上。具体而言，姜福斌和王震（2022）对当前研究中采用的压力认知评价理论的应用场景进行了系统分析，认为压力事件主要分为生理压力、任务压力、角色压力、社会压力、职业压力和重大事件压力六个方面。

挑战性评价的前因主要包括任务压力、社会压力、职业压力和重大事件压力，因为这些任务中包含着能够促进员工成长的积极因素，所以能够促使员工形成挑战性评价。任务压力是指员工完成任务时的状况，包括绩效压力、时间压力等（姜福斌和王震，2022）。绩效压力是基于必须努力出色地完成绩效从而达到重要的预期结果的信念而产生的特定压力，这些预期的结果包括晋升、加薪等，促使员工努力提升自己的工作能力，提高绩效，因而员工可能对绩效压力形成挑战性评价（Mitchell et al.，2019）。工作负荷、工作要求和工作复杂性属于积极压力，同样能够促使员工产生挑战性评价（LePine et al.，2005）。员工对高质量工作的要求和责任也会促使员工形成挑战性评价（Gerich，2017）。社会压力是指员工受到的来自工作和非工作中的人际交往方面的压力，主要包括领导行为、同事行为和客户行为等（姜福斌和王震，2022）。例如，变革型领导会促使员工进行积极的工作反思（Xu et al.，2021）。工作场所霸凌会增强员工的韧性，员工的韧性促使其将工作场所霸凌视为一种积极的压力，形成挑战性评价（Majeed & Naseer，2019）。职业压力是指员工在职业现状和职业未来规划方面的压力，包括工作不安全感（姜福斌和王震，2022）。刘淑桢等（2019）认为当有领导支持和员工自我效能感高时，员工会将工作不安全感视为可以激发个体能力的感知，从而对工作不安全感形成挑战性评价。重大事件压力是指影响较大的组织或社会事件对员工产生的压力（姜福斌和王震，2022）。组织变革的频率会促使员工形成挑战性评价（Chen & Tang，2021）。

阻碍性评价的前因主要来自阻碍个体成长和工作目标实现的威胁性压力（Ma et al.，2021）。生理上的压力包括工伤经历、职场攻击、身体姿势要求等（姜福斌和王震，2022）。生理上的压力会使个体感到不适，妨碍员工的成长和工作目标的实现（McGonagle et al.，2015）。对于员工而言，任务压力中的绩效压力会使员工认为过去的努力不够好，必须努力提高自身的能力（Sitkin，2011）。高绩效的要求会使员工认为通过以往的努力可能无法实现绩效，需要调整旧的惯例，以有效地满足绩效要求（Dalal et al.，2009）。如果绩效没有提高，员工会关注可能出现的负面后果，会对绩效压力产生阻碍性评价（Mitchell et al.，2019）。社会压力中的领导风格会使员工产生阻碍性评价，如辱虐管理（He et al.，2021）、破坏型领导（Ahmad et al.，2022）等。另外，角色压力、工作不安全感以及人际关系冲击也是员工形成阻碍性评价的原因（王佳燕等，2022）。

个体会对同一压力同时产生挑战性评价和阻碍性评价（Gerich & Weber，2020）。对于压力产生挑战性评价还是阻碍性评价的一个重要影响因素是个体因素（Liu & Li，2018）。研究表明，特质韧性水平高的员工更易对绩效压力形成挑战性评价，特质韧性水平低的员工更易对绩效压力产生阻碍性评价（Mitchell et al.，2019）。自我效能感高的员工更易对压力产生挑战性评价（姜福斌和王震，2022）。另外，组织支持和组织中的参与氛围会降低员工对压力做出阻碍性评价的概率（Neves et al.，2018；Paškvan et al.，2016）。

2.4.4 挑战性评价的结果

根据认知评价理论，个体对压力的不同认知评价会带来不同的应对策略，并且，认知评价也可能没有产生应对策略而直接产生结果。挑战性评价作为员工对积极评价压力的认知，一般能够给员工和组织带来积极的影响。

挑战性评价对员工身体有益，包括更高的自我评价的健康水平、更低的能量耗竭水平和更少的疾病症状（Gerich，2017）。同时，挑战性评价能够促使员工付出更多的努力，从而带来职业成功、更高的工作绩效和更强的创造力（Majeed & Naseer，2019）。变革型领导促使员工进行积极的工作反思，从而提升员工的工作满足感、情感承诺（Xu et al.，2021）。员工对工作不安全感形成的挑战性评价会促使员工做出工作重塑行为，进而激发员工创新行为（刘淑桢等，2019）。LePine 等（2005）认为挑战性评价与绩效显著相关，员工挑战性评价能够显著提高员工工作绩效。另外，组织变革频率会促使员工对外部环境形成挑战性评价，从而产生工作重塑行为这一应对策略。工作重塑有助于提高员工在组织变革时期的适应能力（Chen & Tang，2021）。

2.5 失望和懊悔

2.5.1 失望和懊悔的概念

失望和懊悔（或称“后悔”）一般多出现在决策推理研究中，两者都是根据现实结果和预期可能的结果进行对比而产生的情绪，然而它们是有差异的（Tunç et al.，2023；索涛等，2009）。

Landman（1993）认为，懊悔是个体由于不幸的事情发生而感到遗憾、痛苦的情绪和认知状态。从这一较宽泛的定义可以看出，懊悔是伴随个体的认知过程产生的（索涛等，2009）。懊悔是基于反事实思维而产生的情绪（Mookherjee et al.，2021）。也就是说，懊悔是个体意识到如果做出不同的选择，事情会有更好的结果之后所产生的一种情绪（Marcatto & Ferrante，2008）。懊悔是个体基于自身的选择或行为的反事实思维而产生的情绪，其程度与反事实的可选择的可能性有关（Marcatto & Ferrante，2008）。Tykocinski 等（1998）将懊悔分为预期懊悔和体验懊悔。预期懊悔是指个体预期自身未来会因曾失去更优的选择而感到懊悔，体验懊悔是指个体因已经失去了更优的选择而感到懊悔（李晓明等，2021）。

失望也是基于反事实思维而产生的负面情绪，是个体希望事情可以更好时产生的一种情绪（Marcatto & Ferrante，2008）。虽然失望和懊悔是不同的情绪，但是它们都是通过比较“现实的情况”和“本来可能的情况”而产生的（Marcatto & Ferrante，2008）。失望和懊悔的差别在于，失望是通过外部事件发生变化或非自己能够控制的力量使事件产生更好的结果与现实的结果进行比较而产生的情绪，懊悔是如果自己做出不同的选择或行为可能产生的更好的结果与现实的结果相比较而产生的情绪（Marcatto & Ferrante，2008）。也就是说，失望源自外部事件发生变化（而非个体自身的影响）可能产生的更好的结果与实际结果相比较，懊悔源自个体自身做出不同选择而可能产生的更好的结果与实际结果相比较。失望通常与责备环境或他人相关，懊悔通常与自我责备相关（Zeelenberg & Pieters，2004）。在组织中，懊悔和失望是相对常见且能够同时体验的情绪（Howard & Smith，2021；Marcatto & Ferrante，2008）。

2.5.2 失望和懊悔的测量

目前的研究中通常采用两种方式测量失望和懊悔：一种是通过直接询问的方式进行测量，另一种是通过测量情绪体验进行测量。直接询问是指直接通过语言询问，如 Lönnqvist 等（2006）直接询问调查对象“你有多懊悔”进行测量。Li 等（2018）同样通过“我对结果感到失望”“我对购买 / 出售股票感到懊悔”这样的表达询问调查对象的情绪。然而，这种直接通过言语询问的方式向调查对象提供了言语标记，会给调查对象一种暗示（Marcatto & Ferrante，2008）。并且，人们对于这种直接询问方式是否能够测量出个体体验到的复杂情绪存在一定的疑问（Marcatto & Ferrante，2008）。Marcatto 和 Ferrante（2008）基于情绪认知评价理论，通过个体的认知过程测量个体的情绪体验，包括情绪的程度和具体情绪的类型，采用 5 个题项来测量失望和懊悔的情绪。其中，用“我对发生在我身上的事感到难过”来表示失望和懊悔中常见的负面情绪体验，用“我希望我当初做了不同的选择”和“我对发生在我身上的事情负有责任”来测量懊悔，用“我希望那些我无法控制的事情如果发生了变化就好了”和“我遇到的事情是由于一些我无法控制的事情所引起的”来测量失望，同时用“我对我所遇到的事情感到满意”作为控制题项。Schwartz 等（2002）采用 5 个题项测量懊悔，分别为“每当我做决定，我会好奇，如果我做了不同的决定，结果会怎样”“每当我做决定，我会尽量寻找别的决定可能带来的结果的信息”“如果我做了一个决定，结果很好，可是如果我发现如果我做了别的决定，结果会更好时，我还是会有种失败感”“当我审视我的生活时，我会经常评估那些我失去的机会”“我一旦做了决定，就不会往回看”（反向计分）。Howard 和 Smith（2021）开发了包含 20 个题项的懊悔和失望量表。其中，懊悔情绪题项包括 9 项，分别为“如果可以，很多事情我会重新做”“我希望我当初采用了不同的方法来处理我的任务”“我希望我当初用了不同的方法做事就好了”“有一些我本可以但事实上没有抓住的机会”“我本应该更努力地工作”“如果可以，我要采用不同的方式做很多事”“如果可以，我会改变我的很多决定”“我希望我做某些事情之前咨询了领导”“如果时间可以倒流，有些事我是不会去做的”；失望情绪题项包括 11 项，分别为“我没有得到我应得的东西”“我以为我应得的资源却被剥夺了”“很多事情的结果比我预想的更糟糕”“让我惊讶的是，工作中很多事情没有给我带来帮助”“我的努力没有我期待的那么有效”“让我惊讶的是，我没有得到我应该有的晋升”“我的同事们出乎意料地让我感到失望”“让我惊讶的是，我没有得到我应该得到的认可”“工作中一些意想不到的事情让事情变得更糟”“虽然我做了我的工作，但是结果出人意料地令人感到失望”“让我没想到的是，我的领导对我的工作做出负面评价”。

2.5.3 失望和懊悔的前因

虽然关于认知是决定情绪还是仅仅影响情绪的讨论还未达成一致，但是大多数研究情绪的学者认为，认知评价是情绪体验中非常关键的因素（Marcatto & Ferrante，2008）。Marcatto 和 Ferrante（2008）基于情绪认知评价理论，认为情绪是个体对前因事件的认知评价而产生的。懊悔是个体认知评价之后产生的社会情绪（索涛等，2009）。反馈结果的信息属性（重要程度、数量等）、个体因素（内控—外控人格、风险偏好、成就动机等）、个体对实际结果的归因（人际—自我归因）等会使个体产生懊悔情绪（索涛等，2009）。如果个体了解到，由于自身不了解其他可能的选择时会产生失望情绪；当个体了解到，自身在知道现实结果，并且知道其他可能产生更好结果的选择时，却没有选择后者，则会产生懊悔情绪（索涛等，2009）。另外，责任感知也是产生失望和懊悔情绪的原因之一（索涛等，2009）。当个体认为自身应该对不利的现实结果负责时，会产生懊悔情绪；当个体认为他人或其他不可控因素应该对不利的现实结果负责时，会产生失望情绪（李晓明等，2021）。失望和懊悔情绪产生的条件包括个体具有反事实思维和实际结果比可能的结果差等因素（索涛等，2009；Mookherjee et al.，2021）。Li 和 Liang（2007）认为，实际结果与预期结果的接近程度能够调节懊悔的程度。

2.5.4 失望和懊悔的结果

失望和懊悔属于负面情绪，长期陷于负面情绪中对个体身心不利。失望具有规避行为的特征，使个体逃避现状、转移注意力（Tunç et al.，2023；索涛等，2009）。失望会给个体带来一种无力感，在行为上表现为回避倾向（李晓明等，2021）。员工的失望情绪会对组织产生不利影响（Howard & Smith，2021）。失望对工作满足感、组织公民行为的负向影响更强烈，失望对员工的工作退缩和离职意愿有正向影响（Howard & Smith，2021）。懊悔与失望一样，具有回避型动机特征。在消费者行为学中，消费者的懊悔情绪会降低消费者的满足感和重复购买的意愿（Zeelenberg et al.，2001）。在组织行为学中，员工由于认为自身应对不利的现实结果负有责任而产生的懊悔促使员工纠正自己的行为，激发个体积极采取行为，改变当前不利的现状（索涛等，2009）。

2.6 众利式建言

2.6.1 众利式建言的概念

当前关于组织中员工建言的研究比较丰富。现有研究对于建言的概念主要有两种理解。第一种是以 Hirschman（1970）为代表，认为建言行为是员工感到不满时对组织中存在的问题提出建议，是致力于改善组织现状的建设性行为。Hirschman（1970）最早提出建言行为的概念，认为建言是员工在对现实工作感到不满时，为从根本上改变现状而付出的努力和行为选择。第二种是以 Dyne 和 LePine（1998）为代表，认为建言行为是组织中员工角色外行为或组织公民行为的一种，将建言定义为以变革为导向，致力于改善现状的建设性沟通。虽然这两种观点基于不同视角对组织中的建言行为进行研究，但都一致认为建言在组织中是一种积极正面的行为。

Farrell（1983）延续了 Hirschman（1970）对建言的定义，认为建言包括向上司建言和向第三方（如政府代理人）建言，是员工对工作感到不满而提出的解决问题的应对策略。Rusbult 等（1988）认为建言包含向上司建言、向同事建言和向第三方建言。沿着这一思路，Hagedoorn 等（1999）进一步提出，当员工对工作感到不满时的建言行为分为众利式（considerate voice）和自利式（aggressive voice）两种方式。Liu 等（2010）将建言分为针对上级的（speak up）和针对同事的（speak out）建言。

众利式建言是在 Hirschman（1970）与 Farrell（1983）的 EVLN（Exit, Voice, Loyalty and Neglect）框架的基础上提出的，是员工对工作感到不满时，在同时考虑组织利益和员工自身利益的基础上向组织提出意见和建议的行为（Hagedoorn et al., 1999）。众利式建言与其他建言形式相比，在建设性意图、创新性程度上有所差异，但众利式建言仍是员工改变现状、为解决问题而提出建议和意见的积极行为。

2.6.2 众利式建言的测量

目前研究通常采用 Hagedoorn 等（1999）开发的量表测量众利式建言。该量表共 11 个题项："我尽量与主管或领导达成谅解""我努力与主管或领导一起寻求一个让每个人都满意的解决方案""我尽量与主管或领导一起想出一个理想的解决方案""我与主管或领导相互探讨、交流彼此的观点，直到问题得到解决""我试着与主管或领导寻找折中的方案""我试着与主管或领导谈论这一问题，直到达成一致""我向主管或领导提出解决问题的方案""我立刻向主管或领导报告这个问题""我马上着手去想解决问题的办法""我努力想出不同的方法去解决这个问题""我让主管或领导寻找折中的方案"。Naus 等（2007）采用该量表的缩减版，包含 5 个题项："尝试找出组织可能从中受益的解决方案""提出如何防止这些情况发生的建议""设法找出一个对大家都有利的解决办法""和你的上司讨论这个问题，并试着一起找出解决办法""在某些场合，比如工作会议上，表达你的观点，提出改进建议"。

2.6.3 众利式建言的前因

当前关于建言的前因研究主要基于 Dyne 和 LePine（1998）对建言的定义，基于人际风险视角、责任义务视角和价值信念视角展开，研究结果相对丰富（卢红旭等，2020）。关于众利式建言的研究相对较少。众利式建言与工作特征的相关性较弱，但是与个体特征和与组织的关系特征的相关性更为明显。

例如，魄力（assertiveness）与众利式建言呈显著正相关（Naus et al.，2007）关系。员工想要获取理解的动机与员工的众利式建言显著相关（Garner & Garner，2011）。并且，员工对工作感到满意也会促进员工的众利式建言（Garner & Garner，2011）。员工与组织之间的高质量交换关系促使员工采用众利式建言行为，与组织之间的良好关系促使员工在清楚建言会给自身带来风险时，仍然会寻找、分享组织的正面信息，表达建设性观点（Rai & Agarwal，2019；Hsiung，2012）。另外，领导风格也会影响众利式建言。真实型领导促使员工收集全面的信息，鼓励员工表达观点，并且不会使员工认为建言会给自身带来风险，从而促使员工做出众利式建言行为，“员工—组织”关系在真实型领导和众利式建言之间发挥中介作用（Kim et al.，2023）。领导的权威性、组织资源的控制程度和对于变化的决策以及领导奖励、惩罚员工的权力会影响员工的众利式建言行为（Detert & Burris，2007）。另外，领导鼓励员工将问题看作全体事件的程度也会影响员工的众利式建言行为（Gorden et al.，1988）。也有研究者发现，组织与员工之间的心理契约破裂会促使员工采取建言行为（Kraak et al.，2019；Schalk et al.，2018；Tomprou et al.，2015；Turnley & Feldman，1999）。Ng 等（2013）的研究发现，心理契约破裂对建言行为有预测作用，且这种作用受到领导成员更替和同事间社会关系变化的调节。

2.6.4 众利式建言的结果

当前关于建言行为结果的研究相对较少，并且研究基本从 Dyne 和 LePine（1998）对建言的定义出发，探讨了建言对组织的影响。以往研究假定建言能够带来积极的绩效结果，但也有研究得出了矛盾的结论（卢红旭等，2020）。一方面，有研究认为，建言行为对团队绩效具有积极影响。建言可以促进团队学习（Edmondson，2003），提高角色内绩效（Ng & Feldman，2012）、管理效率以及团队创新（Li et al.，2017）。另一方面，有研究发现，建言对团队绩效具有消极影响。如 Sherf 等（2018）发现，当建言集中在团队的几个成员身上时，建言会给团队绩效带来消极影响。同时，也有研究开始关注建言为进谏者带来的积极结果（李方君等，2019；Huang & Paterson，2017；Li et al.，2017；Liang et al.，2019）。

目前关于众利式建言结果的研究较少。众利式建言是基于 EVLN 模型提出的员工对工作感到不满时的反应行为，因此，众利式建言的影响研究集中在对员工的影响上。研究表明，当员工在工作中遇到不利状况时，向领导发声能够防止员工离职（Naus et al.，2007）。众利式建言能够有效降低员工离职意愿（Garner & Garner，2011）。

2.7 员工战略共识

2.7.1 员工战略共识的概念

战略共识是战略管理中的重要概念，有学者称之为“战略理解”“战略视野”“战略知识”（黄再胜，2010）。战略共识由 Bourgeois（1980）提出，最初大多被定义为企业内部高级管理人员对企业战略的共同认识。Wooldridge 和 Floyd（1989）提出了关于战略共识范围、共识内容和共识程度的研究（黄再胜，2011）。在对战略共识范围的研究中，战略共识的相关主体由企业高级管理人员延伸至企业内部中下层管理人员乃至全体员工（Kellermanns et al.，2005），即战略共识的范围由决策联盟者向高管团队和各级员工（包括中层和下层管理者和员工）扩充（黄再胜，2010）。也有学者认为，战略共识的范围应该突破企业边界，扩展到与企业利益相关的主体（魏虹和陈传明，2013）。战略共识的内容包括战略目标、手段、经营环境、战略重点、决策综合性、心智模式、战略方向、战略决策和认知结构等（黄再胜，2010）。近年来，关于战略共识的内容不断增加。有学者认为，员工对企业人力资源管理和重要事件的认知和理解的趋同程度构成了员工人力资源管理战略共识（高中华，2023）。学者对战略共识程度的理解也不尽相同，大致可分为认知层面和情感层面。认知层面是指对战略内容的理解和认知，如 Markoczy（2001）认为战略共识是对战略议题认知的一致程度；Rapert 等（2002）认为，战略共识是指企业中各级员工对企业战略重点的共享和理解。情感层面是指相关主体对战略内容的认同和承诺。如 Floyd 和 Wooldridge（1992）认为，战略共识包括对战略内容的理解和战略承诺。黄再胜（2010）认为，对战略共识的理解是战略共识形成的基础，战略认同和战略承诺是战略共识形成的关键。

员工战略共识是员工对组织战略的认知，是员工在决策、澄清、沟通和实施等过程中对战略的理解、认同和责任感知（黄再胜，2011）。与组织承诺等概念相比，战略共识一旦形成则相对稳定，不易改变（黄再胜，2011）。

2.7.2 员工战略共识的测量

现有研究对员工战略共识的测量各有差异。Knight 等（1999）将战略共识定义为高级管理成员对公司战略导向的理解，即高级管理成员对当前企业战略的共享心智模式的一致性程度，他们运用 48 个题项对战略共识进行测量，包括公司的成本、价格、市场差异和产品或服务差异、风险承担、创新和主动性、战略行为竞争及时性、战略行为的速率、对整体质量的重视程度、产品的个性化、客制化服务、品牌化、售后支持以及重视战略变化等内容。Venkatraman（1989）通过 6 个题项测量经理人和大股东的战略共识。这 6 个题项分别为："制定战略决策时，经理人和大股东会共同分析，尽可能进行充分的论证""经理人和大股东会正式地跟踪有意义的行业经营的一般趋势""大股东和经理人共同参与战略的制定过程""大股东和经理人共同参与战略的实施过程""大股东和经理人共同为实现战略目标而努力""战略执行结果与大股东和经理人的个人收益关系密切"。黄再胜（2011）认为员工战略共识包括战略理解、战略认同和战略承诺三个维度，并通过 13 个题项对这三个维度分别测量。其中，战略理解包括"对企业愿景和使命很了解"和"清楚有效执行企业战略的途径和方式"2 个题项，战略认同包括"有人批评企业战略好像就是对自己的侮辱""常说'我们的'战略，而不是'他们的'战略""企业战略的成功就是个人的成功""有人赞扬企业战略好像就是在表扬自己"等 4 个题项，战略承诺包括"非常愿意执行与企业战略有关的任务""愿意格外努力地去执行企业战略""会想尽办法克服执行企业战略时遇到的困难""会主动提出有利于企业战略执行的各种建议""执行企业战略时会主动帮助本部门同事""执行企业战略时会主动帮助其他部门的同事""执行企业战略时愿意与同事实现信息、技术等资源共享"等 7 个题项。Floyd 和 Woolridge（1992）认为战略共识体现在认知和情感两个层面，具体表现为战略理解和战略承诺，并列出"降低运行的整体成本”“改变产品搭配组合”“改进内部控制系统”“吸引、留住最优质的人力资源”“引进新的产品和服务”5个题项，通过询问这5个题项所描述的组织当前现状的程度来测量战略理解，通过询问这些策略是否应该实施来测量战略承诺。

2.7.3 员工战略共识的前因

战略共识的前因主要包括人口统计学、战略决策过程和组织结构三个方面。

人口统计学方面，高层管理人员的人口学特征越具有同质性，那么，高层管理人员就越能够形成战略共识（Priem，1990；Knight et al.，1999）。黄再胜（2011）以中国企业员工为调查对象，调查后发现，员工年龄和职位正向影响员工战略共识，说明在中国情境下，员工对战略的理解程度从上到下呈减弱趋势（黄再胜，2011）。战略决策过程方面，具有建设性或批评性和辩论等决策制定模式能够引发相关主体的认知冲突和充分沟通，相关主体的积极参与，对战略理解更加透彻，能够促进战略共识的形成（Dess & Priem，1995）。组织结构方面，有学者认为，组织结构越集权化，越有可能达成战略共识，但是，也有学者认为，这种情况下的战略共识只是停留在表面（Kellermanns et al.，2005）。Dess 和 Priem（1995）认为，组织结构越复杂，信息沟通难度越大，越不利于战略共识的形成。另外，员工的战略共识受到企业所有制性质的影响（黄再胜，2011）。民营企业中的员工战略共识水平明显高于国有企业和外资企业（黄再胜，2011）。另外，战略品质也会影响战略共识的形成。战略可信度低，战略质量没有得到认可，也很难形成战略共识（Ambrosini & Bowman，2003）。

2.7.4 员工战略共识的结果

战略共识的结果变量主要表现在企业绩效上，研究结果也因具体共识内容的差异而有所不同。黄再胜（2011）认为，员工战略共识能够有效提高企业绩效。Bourgeois（1980）认为，高层管理团队在战略目标和战略手段上的共识能够提高企业绩效，但是，如果在战略手段上没有达成共识，那么战略目标的共识与企业绩效呈负相关关系。Dess（1987）认为，战略目标或战略手段上的共识都能够提高企业绩效，但战略目标和战略手段同时达成共识却不能显著提高企业绩效。因此，战略共识对企业绩效的影响还需要更加深入地分析，需要考虑环境动态性、战略执行速度等因素的影响（黄再胜，2010）。

近年来，随着战略共识研究范围扩大，对员工战略共识影响的研究延伸到了其他层面，包括员工创造力（于海云等，2022）。员工战略共识度越高，对组织的认可度越高，越能促使其将组织战略与自身工作目标相结合，越能积极地面对工作中遇到的难题和挑战，从而积极调整其工作行为以达成对组织和自身都有利的目标（赵莉等，2023）。战略共识越高的员工，越有能力解决工作中的难题和挑战。员工战略共识使其基于对组织上下以及结构的理解，更能解决并做出对组织和员工都有利的必要调整，对人力资源管理也有显著的正向影响。战略共识越高的员工，工作绩效越高、角色冲突越少和共享心智模式越高（杨付等，2014），这有助于在组织内部形成合力（黄再胜，2010）。员工达成人力资源管理战略共识，也会给组织带来积极结果，如增强员工对组织的情感承诺、降低员工的离职意愿、强化组织转型对员工主动变革行为的影响等（高中华，2023）。

2.8 整体文献述评

本章对心理契约破裂、心理契约修复、挑战性评价、失望和懊悔、众利式建言以及员工战略共识的概念、测量、前因和结果等方面的研究进行了回顾与梳理。近年来，学者越来越重视对心理契约的动态性研究以及员工在驱动心理契约变化发展过程中的作用，为心理契约破裂后员工的积极反应以及员工积极反应对心理契约修复的深入研究提供了指导。然而，与对心理契约破裂引起员工消极反应的研究相比，对心理契约破裂后引发员工积极反应的研究较少，员工积极反应影响心理契约修复的机制尚缺乏深入的分析，一些关键问题亟须解决。具体而言，表现在以下方面。

第一，需要重视员工在心理契约动态变化过程中所发挥的积极作用。当前研究主要认为，心理契约破裂会给员工带来负面影响。这主要是基于社会交换理论和该理论中的互惠原则得出的结论。社会交换理论借助斯金纳强化心理学的“刺激—反应”的观点（Emerson，1976），认为心理契约破裂后，员工在外部负面事件的刺激下会出现相应的消极反应，该研究将员工视为被动接受的角色。但是，该理论忽视了员工认知在心理契约破裂后的调节作用。心理契约是员工的认知过程（Rousseau et al.，2018），员工的自我调节贯穿于心理契约动态发展的全过程（Rousseau，2010）。因此，本研究以自我调节理论为指导，强调员工认知在心理契约破裂后的作用，探讨心理契约的修复机制，将个体视为主动的一方，而非被动接受和反应的一方，探索员工在驱动心理契约变化中的作用，深化对心理契约动态性的认识。

第二，需要进一步研究心理契约破裂引发员工积极反应的作用机制。当前关于心理契约破裂对员工的积极反应的研究多集中在建言行为上，但心理契约破裂与建言的关系尚未形成统一的观点。王永跃等（2013）认为心理契约破裂通过工作满意度对员工建言行为产生负面影响，且这种路径受员工神经质水平的调节。并且，心理契约破裂会引发员工的破坏性建言行为（张璇等，2017）。Botha 和 Steyn（2023）则认为，心理契约类型（交易型心理契约和关系型心理契约）与员工建言类型有关。持交易型心理契约的员工会采用抑制型建言，持关系型心理契约的员工会采用促进型建言，心理契约破裂调节了交易型心理契约和员工抑制型建言之间的关系（Botha & Steyn，2023）。然而，Schalk 等（2018）认为，员工经历心理契约破裂后会积极搜寻有用信息并且向组织阐明现状，表达出他们的忧虑，并认为建言是一种以“关注问题策略”为导向的积极的行为反应。本研究基于自我调节理论提出心理契约破裂后的修复机制，并结合认知评价理论解释心理契约破裂后员工认知、情绪和行为上的积极反应，深化对心理契约破裂对员工的影响研究。

第三，需要重视采用多种研究方法对心理契约破裂及破裂后员工的变化进行研究，以深化对心理契约破裂后的修复机制的认识。Rousseau 等（2018）认为，心理契约研究的主要缺陷之一是缺少对员工心理过程的分析。心理契约从破裂到修复是一个动态过程，需要基于具体的导致心理契约破裂事件分析员工在心理契约破裂后的心理过程。现有研究大多采用宽泛或整体感知的方式测量心理契约的破裂，这种方法不利于揭示心理契约从破裂到修复的过程。Tomprou 等（2015）建议采用实验法分析心理契约的动态变化。另外，Kiefer 等（2022）基于事件采用日志法研究员工心理契约破裂后的反应。Wiechers 等

（2022）通过案例分析日常工作中微小事件的累积对心理契约破裂感知的过程。Bankins（2015）采用访谈法，认为心理契约破裂后可以得到修复。因此，本研究对导致心理契约破裂的具体事件进行多阶段的问卷调查，要求调查对象报告心理契约破裂事件，并基于事件开展相应的调查，结合实验法辅助验证员工心理契约破裂与员工行为的因果关系，以增强研究的内部效度。

3 理论基础

3.1 自我调节理论

自我调节理论是基于社会认知理论提出的关于个体追求和维持理想目标的过程的理论（Bandura，1991；Carver & Scheier，1998）。自我调节理论主要关注目标选择、目标追求和反馈回路三个环节，强调个体认知对所追求的目标的影响（Bandura，1991；Carver & Scheier，1998）。自我调节理论的核心在于，个体设置目标并将实际进展与目标进行比较，当个体察觉现实与理想目标出现差异时，会做出认知或行为上的改变，以减少或消除差异（Lord et al.，2010）。因此，目标的设定、追求目标的过程以及认知在追求目标过程中的作用成为自我调节理论中的重要内容。

3.1.1 自我调节中的目标追求

自我调节理论认为，个体的目标自成体系，具有层级结构，包括近期目标和长远目标，不同目标的重要程度不同（Carver & Scheier，1998）。近期目标的实现有助于长远目标的实现（Bandura，1991）。然而，近期目标实现的作用不仅仅在于此，近期子目标的实现会给个体带来自我满足感，这种满足感来自个体对事件进展的掌控感，而非成就感（Bandura，1991）。这种对长远目标的追求的自我挑战和近期目标的实现带来的自我掌控感共存，在个体内部形成自我动机（Bandura，1991）。因此，自我调节理论中的目标体系与单纯的长远或远大目标下包含的小目标的线性结构目标不同（Bandura，1991）。与物质奖励相比，个体更看重从自我调节过程中获得的尊重和自我满足感，从长远目标和近期目标的实现中获得的自我导向和自我动机最能推动个体向有价值的目标努力（Bandura，1991）。个体因自我努力和能力而获得的成功会使其收获更高的自我满足感，因外因而获得的成功不会使个体感到太多的自我满足（Bandura，1991）。并且，目标具有动态性特征，个体为自身设置的目标会随着事件的进展而变化，个体可能维持原有目标，也有可能降低目标或重新设置更具挑战性的目标（Bandura，1991）。另外，目标具有导向性和动机性，自我调节机制在目标的导向和激励下发挥作用（Carver & Scheier，1998）。不重要的事件不会引发个体反应，只有影响到个体福祉和自尊的事件才会引发个体的自我调节（Carver & Scheier，1998）。

在组织中，管理活动的多层级性质以及个体目标与组织目标之间错综复杂的联系使个体目标和组织目标的关系复杂化，个体的努力往往受团体目标、组织结构等因素的影响（Bandura，1991）。当个体掌握了关于控制的知识和技能时，个体的目标便可以转换成组织绩效目标（Bandura，1991）。并且，在组织中，个体感知的对环境的可控性会对个体的自我调节产生重要影响（Bandura，1991）。当个体认为组织不容易做出改变时，便不会做出决策。如果个体察觉到组织可控，就会给自身设置更具挑战性的目标（Bandura，1991）。

3.1.2 自我调节的过程

自我调节是个体维持或获得理想状态的调整过程（Bandura，1991）。学者对个体的自我调节过程展开了广泛的研究。Bandura（1991）认为，自我调节机制主要通过三个过程发挥自我调节功能：自我监察、自我判断、自我反应。

自我监察是个体对自身行为表现的原因、短期和长期的影响等方面进行分析的过程，自我监察在自我诊断和自我驱动两个方面发挥功能（Bandura，1991）。自我诊断是指个体对自身的认知、情绪和行为以及这些行为发生的情境进行观察，个体价值观、认知结构、自我信念以及不同事件的重要性等因素影响个体的监察（Bandura，1991）。自我驱动是指个体关注到自身表现之后，会为自身设定循序渐进的目标，并为实现目标提供必要的信息（Bandura，1991）。自我监察是做出改变的第一步，个体通过自我判断才能做出实际行为，从而产生自我反应。自我判断是指个体根据社会标准设定个体目标，并对自身的行为进行评价的过程（Bandura，1991）。个体在自我判断过程中，根据个体目标和环境评价个体行为（Bandura，1991）。自我调节中的自我动机会使个体对其行为和该行为是否达到目标进行预测性评价，并促使个体采取能够带来自我满足感、自尊的亲社会行为和控制可能给自身带来自我谴责的行为（Bandura，1991）。自我反应是指个体通过自我评价产生自豪、自我满足感等各种体验的过程。也就是说，自我反应是个体做出反应行为之后，对该行为是否达到其目标进行评价所带来的反应，是个体为了实现目标而调节行为导向的机制。由此，自我调节起到控制的作用（Bandura，1991）。自我反应规范了个体的道德行为，为了控制自身行为，个体必须监督自身的所作所为（Bandura，1991）。在自我调节过程中，个体动机和目标影响个体的实际反应行为（Bandura，1991）。

在整个自我调节过程中，自我动机和自我导向是关键（Bandura，1991）。个体能否进行有效的自我调节，关键在于其是否有足够强的动机通过有效的自我激励达到目标（Bandura，1991）。当然，自我调节能力也会影响个体调动自身资源的能力和付出努力的程度（Bandura，1991）。在自我调节的自我监察、自我判断和自我反应过程中，个体的认知发挥着非常重要的作用（Bandura，1991）。个体深思熟虑的监察、反思式的自我判断和自我反应突出了基于认知的激励因素的作用（Bandura，1991）。

另外，有学者对自我调节过程展开了丰富的研究。例如，有学者认为自我调节过程分为获取信息、分析现实与理想目标的差异、激发变化、分析计划、形成计划、实施计划和评价计划七个阶段（Brown et al.，1999）。这七个过程包括信息分析、行为触发、行为筹划、行为实施和行为评价等内容（段锦云等，2017）。Wiener（1961）认为，自我调节大体上分为评估阶段和执行阶段调节。在评估阶段，个体对现实与理想目标不断进行比较，并收集各方面的信息，形成各种行为导向，通过评价和对比，选择最优的行为计划（段锦云等，2017）。执行阶段是具体行为的实施阶段，即个体向理想目标靠近的过程（段锦云等，2017）。评估阶段在执行阶段同样发挥作用，即个体对行为是否达到理想目标进行评价。如果没有达到理想目标，个体会重新开启自我调节系统（段锦云等，2017）。Gollwitzer（1990）认为，自我调节分为与心智有关的四个阶段，分别为目标设定阶段（深思熟虑式心智）、计划筹备阶段（运作式心智）、目标努力达成阶段（行动式心智）和目标评价或修改阶段（评价式心智）。一般来说，个体会根据这四个阶段进行调节，同时也会根据实际进展进行调整（Gollwitzer，1990）。

总体而言，在自我调节过程中，个体的评价和目标的设置会对个体自我调节的结果产生重要影响。自我调节机制通过个体目标、自我评价和努力动机形成一个自我循环，即个体不断将现实与自身目标进行比较、评价并做出调整，为实现目标而努力（Lord et al.，2010）。

3.1.3 自我调节的类型

在众多自我调节类型中，情绪的自我调节和行为的自我调节过程会对最终的调节行为产生重要影响（Lord et al.，2010；段锦云和魏秋江，2012）。

（1）情绪的自我调节

人类深层次的行为离不开情绪体验，情绪不仅仅产生于获得或失去目标的过程中，还产生于追求目标的过程中（Carver & Scheier，1998）。情绪调节的研究始于发展心理学（developmental psychology）（Gaensbauer，1982）。情绪曾经被认为是个体感知现实和参照标准之间的差异缩小速度的快或慢时产生的衍生物（Carver & Scheier，1998）。当个体感知差异缩小的速度比预期快，则产生积极情绪；当个体感知差异缩小的速度比预期慢，则产生负面情绪（Gross，1998a）。这种观点没有将情绪作为研究主体，不利于深入研究情绪在自我调节过程中的作用（Gross，1998a）。后来，学者逐渐认识到情绪的功能，如情绪能够帮助个体做出决策、分析个体与环境之间的关系以及具有社交功能等，并且认为，当个体感受到现实与参照标准之间存在差异时，会产生积极或消极的情绪（Gross，1998a；Johnson et al.，2012）。个体对目标的实现和目标实现的进展进行周期性评价也会产生情绪（Lord et al.，2010）。

情绪是个体在对其与外部环境的利害关系进行评价时产生的精神生物学反应（Gross，1998a）。一般来说，对情绪调节的研究主要从两个角度展开（Gross，1998a）。一是神经学视角，这一视角主要关注调节两种不同的焦虑，第一种是基于现实的焦虑，即当现实要求超出个体的能力时的焦虑调节。这种焦虑的调节策略主要是逃避。第二种是基于超我的焦虑，即个体出于强烈的表现冲动时的焦虑调节，这种焦虑的调节主要包括控制可能引发更强烈焦虑的冲动。这两种焦虑的调节过程以及其他负面情绪的调节过程被称为“自我防卫”。这一视角的情绪调节主要是控制行为或心智，以减少负面情绪体验，研究的焦点包括有意识和无意识地增加或减少正面或负面情绪的过程（Gross，1998a）。另一个研究情绪调节的视角是压力和应对（coping）。这一视角与神经学视角的区别在于，压力和应对视角关注具有适应性、有意识的应对过程，认为神经系统是多个部分独立处理信息的系统，不同的信息系统对同一事件中的不同信息进行解读，从而产生不同的结果（Gross，1998a）。应对是指当内部或外部事件超出个体资源时，个体在认知上和行为上所做出的努力，包括聚焦问题的应对策略和聚焦情绪的应对策略，它们的目的同样在于减少负面情绪体验（Lazarus & Folkman，1984；Gross，1998a）。这一视角的情绪调节研究借鉴了大量的关于压力和应对的内容，但情绪调节与压力和应对的研究又有不同之处。情绪的调节是从“个体—环境”互动的角度分析个体在压力下的调节过程（Gross，1998a）。另外，应对研究的范围比情绪调节研究范围广，应对研究不仅包括调节情绪的应对策略，还包括采取非情绪行为达到非情绪的目标（Gross，1998a）。虽然情绪调节包括无意识的行为，但是Gross（1998a）认为，典型的情绪调节是有意识的，并且，情绪的调节是从有意识地控制达到调节目的，逐渐发展到无意识、自发地进行调节的境界。这其实是对情绪调节提出的更高要求，即从无意识到有意识，再到无意识的过程。

当前研究主要通过三种方法获取个体调节情绪的策略。第一种方法是邀请调查对象直接描述调节策略。有学者利用访谈和问卷的方式询问受访者如何调节情感（包括心情和情绪），得到了超过200种的调节策略，包括锻炼、喝酒和寻求社会支持等（Thayer et al.，1994；Parkinson et al.，1996）。这种方法是获取调节策略的重要一步，但是调节测量的种类过于繁多，不利于进一步深入分析（Gross，1998a）。第二种方法是将这些调节策略按照情绪的构成进行分类，即从体验、表达和生理层面进行分类（Walden & Smith，1997）。这种做法使调节策略变得简洁，但会将不同的调节策略归为一类，从而失去其丰富性。第三种方法是对不同的情绪调节行为背后的过程进行概念分析

（Frijda，1986）。Gross（1998a）从进化论视角将情绪视为反应倾向（response tendencies），认为情绪是由对个体具有重要进化意义的事件所引发的适应性行为反应倾向。情绪反应倾向的持续时间相对较短，涉及行为方面的、经验方面的、自发的和神经方面的变化，情绪反应倾向是可以调整的，也正是这一调整，促成个体的实际情绪反应（Gross，1998a）。情绪反应倾向和实际反应之间的差异解释了个体为何、如何以及何时会调整其情绪反应倾向，从而促使个体做出能够达到理想调节目标的实际行为（Gross，1998a）。Gross（1998b）认为，情绪的调节分为情绪产生之前的聚焦前因的情绪调节和情绪产生之后的聚焦反应的情绪调节，并绘制了情绪调节的“输入—输出”模型，认为情绪通过操纵输入系统或者操纵输出系统两种方式进行调节。

聚焦前因的情绪调节包括场景选择（situation selection）、场景改变（situation modification）、注意力运用（attention deployment）、认知改变（cognitive change）。聚焦反应的情绪调节是指反应调整（modulation of responses）（Gross，1998a；Gross，1998b）。具体而言，场景选择是指个体靠近或避免某些个体或某些场景从而影响情绪的产生，这种策略需要了解个体的偏好和可能的场景特征以及对这些特征的可能的情绪反应（Gross，1998b）。场景改变是指个体积极采取行为改变环境、解决事件从而影响情绪的产生。然而场景改变与其他策略的区别并不十分明显，情绪产生之后的情绪表达也可能改变环境和“个体—环境”之间的互动关系（Gross，1998b）。注意力运用是指个体集中或转移注意力从而影响情绪的产生（Gross，1998b）。集中注意力是指关注情绪事件并清楚情绪体验，这也被认为是情绪控制的起点（Gross，1998b）。转移注意力是指个体关注场景的非情绪方面，或者将注意力从当前场景中抽离出来（Gross，1998b）。认知改变是指个体改变场景评价从而影响情绪的产生（Gross，1998b）。在认知改变这一过程中，个体通常倾向于更积极地评价场景，并且采取向下社会比较（downward social comparison），从而降低负面情绪（Gross，1998b）。尤其是在复杂场景中，认知改变或重新评价尤为重要，能够有效地减少个体的生理反应（Gross，1998b）。聚焦反应的情绪调节是指反应的改变，即直接调整反应，包括生理方面、体验方面或行为方面的反应（Gross，1998b）。与情绪调节的其他过程相比，反应调整发生在反应倾向产生之后（Gross，1998b）。最常见的情绪调节方式是调节情绪的表达方式，具体包括强化、降低、延长或者限制情绪体验，以及表达情绪或者产生生理反应（Gross，1998a；Gross，1998b）。这种过程分析方法能够分析个体在某个或某几个过程中的调节策略。当然，个体的某一种调节策略可能包含几个过程（Gross，1998a）。

情绪的调节与个性、临床学、健康学、生物学、认知、发展以及社会学等因素有关，情绪调节的关键在于行为，即个体做出何种行为调节情绪（Gross，1998a）。情绪始于对外在或内在情绪暗示的评价，该评价会触发相应的行为、经验和生理方面的情绪反应倾向，帮助个体适应环境中的挑战和机遇（Gross，1998b）。这些反应倾向并不总是适合当前状况，并且现实状况也会不断发生变化。因此，通过认知评价，个体会适当做出调整，而正是这个调整的过程形成了最终的情绪反应（Gross，1998a；Gross，1998b）。情绪反应会影响环境，并开启新一轮的情绪调节（Gross，1998a）。个体对环境的评价和分析需要消耗认知资源，情绪的调节需要从当前关注的焦点中汲取认知资源，认知资源在个体进行有效的情绪调节、做出有利于目标达成的积极的适应性应对策略的过程中发挥着重要作用（Burgess et al.，2022）。情绪的自我调节虽然认识到认知的重要作用，但是，并没有清晰地阐述认知是如何在情绪的产生、程度、类型以及行为调节上发挥作用的。虽然学者认识到情绪调节是一个动态过程，然而自我调节理论中的情绪调节缺乏充分展示情绪的动态调整过程和评价的多面性功能（Gross，1998b）。

（2）行为的自我调节

自我调节理论主要关注目标选择、目标追求和反馈回路三个环节（Bandura，1991；Carver & Scheier，1998）。行为的自我调节是个体达到或避免各种目标的持续性过程，人类多数的行为是与目标或参照标准一致的，是其内在指导系统的行为结果（Carver & Scheier，1998）。个体以目标为导向、根据反馈控制过程调整行为，行为结果传达的信息构成了反馈环，即从行为的结果可以得知该行为是否能够达到理想的目标（Carver & Scheier，1998）。

行为包括冲动行为和理性行为两种不同但又相互关联的调节系统。冲动行为是对情境自然的、原始的反应，理性行为是对情境缓慢而灵活的反应，具有战略性意义（Lord et al.，2010）。自我调节的本质在于个体具有一种自我控制能力，能够使自身通过对情境的评价、在与情境互动的过程中形成具有适应性的机制，并采用一种有利于目标达成的反应方式取代自然的、原始的反应（Vohs et al.，2008）。行为的自我调节采用的是自上而下的调节方式。在自我调节理论中，目标追求非常重要，行为和目标紧密相连（Carver & Scheier，1998）。当个体感知到现实与参照标准之间存在负向差异时，会激发自身设立缩小差异或消除差异的目标，此时的行为不是为了做出行为而做出行为，而是为了达到或维持一种理想状态的努力（Carver & Scheier，1998）。因此，自我调节不是通过做出行为或停止行为达到调节的目的，而是通过缩小现实与参照标准之间的差异来实现调节的目的（Carver & Scheier，1998）。个体的参照标准不是固定不变的，在这种情况下，个体通过行为缩小现实与不断变化的参照标准之间的差异以达到调节的目的（Carver & Scheier，1998）。

在具体行为方面，Marks 等（2001）认为在现实中发生与参照标准存在差异的阻碍性事件之后，个体的调节行为分为行动阶段（任务参与）和转变阶段（任务准备和任务后的反思）。行动阶段包括详细的目标进展监管、团队资源、环境状况、交流与协调等活动，帮助个体适应不断变化的环境。转变阶段包括详细的任务分析、明确目标、战略形成以及权变计划。行动阶段帮助个体在发生了阻断性事件之后进行适应和调整，转变阶段则能够促进个体在意想不到的阻断性事件发生时进行调整和适应（LePine，2005）。

早期的行为自我调节的研究目标是有意识的、组织布置的任务，后来研究越来越关注具体的工作还会受到无意识的情感因素、外在因素（如社会因素）和习惯的影响（Lord et al.，2010）。由于调节主体的抽象程度和获得的反馈时间的不同，调节时间也不尽相同（Lord et al.，2010）。调节主体的抽象程度分为高级、中级、低级和微观四个层级（Lord et al.，2010），每一层级的自我调节过程和类型都有区别（Lord et al.，2010）。一般来讲，调节主体的抽象程度越高，越可能需要更长的时间寻找需要的信息进行反馈，自我调节所需的时间也就越长（Lord et al.，2010）。例如，关于“自我”的调节和认识，可能需要几年的时间做出调整以适应新的角色，完成自我调节的过程（Johnson et al.，2006；Ibarra，1999）。中级的自我调节过程可能只需要几分钟、几小时或者几天，当个体调节目标达成，收到反馈信息之后，自我调节过程便完成了（Lord et al.，2010）。当调节的主体抽象程度更低时，如写作时的打字行为，只需要几秒钟便能获得反馈，完成调节过程（Lord et al.，2010）。日常生活中做出的习惯性行为是更加微观层面的调节，更多的是依靠直觉、自动化的过程（Wood et al.，2002）。不同抽象层次的调节可能同时发生。目前组织中自我调节的研究大多集中在中级抽象程度，调节过程以目标和“目标—理想目标”之间的差异为导向，以获得成就为基础，围绕任务或行动目标展开（Lord et al.，2010）。

总的来说，自我调节理论不仅仅是有意识地执行系统的控制和整合，更是个体的目标结构和情绪系统共同协作来维持目标、获取知识和调节注意力（Lord et al.，2010）。自我调节系统是解释因果关系过程的核心，是个体采取有计划的行为的基础（Bandura，1991）。个体对重要目标付出努力，并通过自我评价反应催生个体行为，自我评价反应影响个体从其所从事的事件中获得满足感（Bandura，1991）。通过自我评价过程产生的自我调节行为是人类独有的能力（Bandura，1991）。

3.2 认知评价理论

认知评价理论的发展主要由两个阶段构成，即压力认知评价阶段和情绪认知评价阶段。

3.2.1 压力认知评价理论

压力认知评价理论是解释工作场所中的个体评价和应对压力的主流理论之一（姜福斌和王震，2022）。Lazarus 和 Folkman（1984）从环境与个体的互动角度出发，认为当个体认为环境对个体的要求高于个体自身的资源时，便会产生压力。压力认知评价理论从个体内角度（intraindividual approach）认为个体主要通过认知和应对两个过程应对压力，认知和应对过程在压力和长期/短期的结果之间发挥了中介作用（Lazarus & Folkman，1984）。

（1）压力认知评价的过程

认知评价是个体对环境中的某个特定事件与自身利害关系的评价，该评价过程主要分初级评价（primary appraisal）和次级评价（secondary appraisal）（Folkman et al.，1986）。初级评价是对压力事件的评价，次级评价是对应对策略选择的评价（Lazarus & Folkman，1987）。在初级评价过程中，个体针对压力事件对自身产生有利还是有害的影响做出评价，如对压力事件对自身的价值观和目标存在潜在的正面还是负面影响、自尊受到尊重还是伤害等方面进行评价（Folkman et al.，1986）。在次级评价过程中，个体对是否能够做出克服或阻止伤害、增强正面影响的措施进行评价。在这一阶段，个体对各种应对策略进行评价，如改变现状、接受现状、寻找更多信息以及抑制冲动或起反作用的行为等（Folkman et al.，1986）。初级评价和次级评价对外界环境中的不同信息进行评估的功能不同。具体而言，初级评价主要评估事件的动机相关性（motivational relevance），即压力事件与自身的福祉是否有重要关系。次级评价是个体对压力事件可能采取的应对策略的评价，通常从四个方向进行评价：可以改变事件；不得不接受事件；行动之前需要搜寻更多信息；需要抑制自身不去做想要做的事（Folkman et al.，1986）。次级评价是个体对是否采取行为或采取何种行为能够有效改善“个体—环境”关系的评价，是对初级评价的重要补充（Folkman et al.，1986）。初级评价和次级评价一同决定“个体—环境”关系与个体的利害关系，由此产生阻碍性或者挑战性的评价（Folkman et al.，1986；姜福斌和王震，2022）。阻碍性评价是指个体认为压力会给自身带来损失或伤害，挑战性评价是指个体认为自身能够控制压力或者压力能够给自身带来益处。个体经过认知评价可以不产生应对策略而对个体直接产生影响。也有学者认为，个体对压力进行认知评价之后会产生应对策略，应对策略会对个体产生影响（姜福斌和王震，2022）。

个体的认知评价过程受诸多因素影响。个体对可能结果的控制力度或把握程度会影响个体的认知评价（Lazarus & Folkman，1987）。如果个体认为压力事件是有害的，但同时认为该事件是可以预防的，那么个体就不会对事件产生阻碍性评价（Lazarus & Folkman，1987）。个体基于自身的价值观、目标，对压力事件的各个方面的预期做出判断。如果个体认为压力是可控的，并且是可预期的，即使压力事件没法解决，其仍然会做出挑战性评价（Folkman et al.，1986）。即使压力事件得到了解决，但如果该解决方案与个体的价值观、目标不一致，个体仍然会做出阻碍性评价（Folkman et al.，1986）。个体对于压力做出挑战性评价还是阻碍性评价，还取决于个体所处的社会和文化环境以及个体在该事件中所体现的心理特征（Lazarus & Folkman，1987）。其中，个体的目标和目标层级（goal hierarchies）作为个体的动机，是个体重要的心理特征之一（Lazarus & Folkman，1987）。

（2）应对策略

压力认知评价理论中的另一项重要内容是应对策略。应对策略是指个体对会消耗或超出个体资源的内外部需求在认知上和行为上做出的努力（Folkman et al.，1986）。应对策略有几个特征：应对策略是过程导向的，关注个体在特定压力下进行认知和行为调整的过程；应对策略是情境性的，即应对策略受到个体对压力的评价和个体应对压力的资源评价的影响，个体因素和环境因素共同影响应对策略的选择；应对策略是个体为管理自身需求所做出的努力，没有好坏之分（Folkman et al.，1986）。

应对策略有两种主要功能：一是改变"个体—环境"的关系，即应对策略具有解决问题的功能；二是调节情绪，即应对策略具有调节情绪的功能（Lazarus & Folkman，1987）。这里说的是功能，而不是类型。任何一种应对策略都可能发挥这两种甚至更多的功能（Lazarus & Folkman，1987）。具有解决问题功能的应对策略主要针对情境因素，而具有调节情绪功能的应对策略主要针对个体自身（Lazarus & Folkman，1987）。Lazarus 和 Folkman（1987）提出了八种应对类型：对抗式应对（confrontive coping）、保持距离（distancing）、自我控制（self-control）、寻求社会支持（seeking social support）、承担责任（accepting responsibility）、逃避—避开（escape-avoidance）、有计划地解决问题（planful problem-solving）、积极的重新评价（positive reappraisal）。一般来说，个体对挑战性的压力采取聚焦问题的应对策略，对非挑战性的压力采取聚焦情绪的应对策略（Folkman et al.，1986）。个体选择何种应对策略，还可能与年龄有关（Lazarus & Folkman，1987）。年轻的个体通常采用更积极的以解决问题为导向的应对策略，而年长的个体通常采用更被动的以调节情绪为导向的应对策略。并且，在压力下，聚焦前因的情绪调节有可能通过重新评价现实环境中的事件来降低事件与情绪之间的关联程度（Gross，1998b）。

（3）认知评价、应对策略以及结果之间的关系

Folkman 等（1986）认为，认知评价的结果分为理想和不理想两种。Folkman 等（1986）通过采访夫妻，得出初级评价、次级评价、应对策略和结果之间的关系。他们认为，初级评价或次级评价过程都能够促使个体制定应对策略并带来结果。具体而言，Folkman 等（1986）的研究表明，个体的压力主要来自身体、心理、社交、经济和职业等方面，其中，来自自尊和对自己关心的人的健康这两方面的压力比较多见。初级评价能够促使个体制定应对策略，如当自尊受到伤害时，个体通常使用对抗式应对、自我控制、承担责任、"逃避—避开"等应对策略（Folkman et al.，1986）。当工作目标受到威胁时，个体更多地采用自我控制和有计划地解决问题的策略（Folkman et al.，1986）。这说明工作中的个体更加理性。次级评价也会带来应对策略，如当个体对压力做出挑战性评价时，会采用承担责任、对抗式应对、有计划地解决问题和积极地重新评价等应对策略（Folkman et al.，1986）。当个体认为压力是必须接受的事件时，则采用保持距离和"逃避—避开"的应对策略（Folkman et al.，1986）。当个体需要更多信息时，会采取寻求社会支持、自我控制和有计划地解决问题等应对策略（Folkman et al.，1986）。当个体认为应该阻止某件事情发生时，则会采取对抗式应对、自我控制以及"逃避—避开"等应对策略（Folkman et al.，1986）。

个体采取的应对策略会带来相应的结果。有计划地解决问题和积极地重新评价应对策略与理想的结果更为相关，对抗式和保持距离应对策略与不理想的结果更为相关（Folkman et al.，1986）。此外，初级评价也能带来相应的结果，如失去对某人的尊重与不理想的结果更为相关（Folkman et al.，1986）。次级评价也会产生结果，如挑战性评价和不需要阻止想要做的事情的应对策略与理想的结果更为相关（Folkman et al.，1986）。保持距离和积极地重新评价是聚焦情绪的应对方式，分别带来不理想和理想的结果（Folkman et al.，1986）。积极的重新评价与聚焦问题的应对策略高度相关，同时也与理想的适应性结果较为相关（Folkman et al.，1986；Lazarus & Folkman，1987）。当然，使用应对策略的情境也会影响策略使用的结果（Folkman et al.，1986）。整体而言，初级评价和结果之间的关系微弱（Folkman et al.，1986）。

当前研究主要通过两种方式对压力的认知评价过程和结果进行测量。一种是直接测量该理论中的要素，如“初级评价”“次级评价”“挑战性评价”“阻碍性评价”“聚焦问题的应对”“聚焦情绪的应对”等（姜福斌和王震，2022）。另一种是间接测量该理论中的要素，即通过对该理论的分析，推导出其他变量并进行测量，如测量工作投入、情绪抑制等应对策略（Mitchell et al.，2019；Trougakos et al.，2020）。这两种测量方法都是可取的，具体采取何种测量方法主要视研究目的而定（姜福斌和王震，2022）。

Folkman 等（1986）通过实证研究，发现了初级评价、次级评价、应对策略和结果之间的关系。研究者使用该理论时根据具体研究的问题，采用了不同的方式运用并描述该理论各要素之间的关系。有的学者赞同“认知评价—应对策略—结果”这一链条，将理论要素同时出现在研究模型中（刘淑祯等，2019；姜福斌和王震，2022）。有的学者选择认知评价作为研究压力到结果的过程，即压力引发了认知评价从而产生结果（姜福斌和王震，2022）。还有学者认为，压力直接引发个体的应对策略（Xie et al.，2019）。

3.2.2 情绪认知评价理论

20 世纪 70 年代，认知评价理论的研究重心转移到对适应（adaptation）和情绪（emotion）的关系的研究上（Lazarus & Folkman，1987），形成了情绪认知评价理论。情绪是比压力更丰富、更宽泛的概念（Smith & Lazarus，1990）。情绪认知评价理论阐释了认知在情绪中的作用（Smith & Lazarus，1990）。认知评价能够察觉并评价个体需要采取行动的状况，并决定个体的情绪，从而促使个体对所发生的事件做出适应性反应（Smith & Lazarus，1990）。

（1）情绪与本能反应之间的差异

认知评价理论与传统心理学不同。传统心理学认为情绪是个体本能的、原始的心理现象，因此，传统心理学认为情绪是简单的、相对固定的条件反射性适应体系，是不可控制的（孟昭兰，1985）。然而，情绪认知评价理论吸收了 Arnold（1960）关于情绪评价的观点，基于进化论思想，认为不能将情绪与认知完全分割，情绪是个体适应环境的关键（Izard，1977；孟昭兰，1985）。情绪认知评价理论认为，认知对情绪产生影响，并强调情绪的动机性质，认为情绪在认知评价和动机的共同影响下发挥适应性功能（Izard，1977；孟昭兰，1985）。情绪源自个体对自身与外部环境关系的评价，是个体和环境之间的交易或关系的产物。情绪反应包括认知评价过程、个体情绪状态、行为倾向和生理上的反应以及应对过程。也就是说，情绪包含了认知上、行为上和生理上的反应倾向（Smith & Lazarus，1990）。同时，情绪具有动机性，个体进行评价之后，在动机的推动下，会选择合适的反应倾向形成实际的应对行为，因而情绪成为个体适应环境、形成有效调节的关键（Smith & Lazarus，1990）。也就是说，情绪作为反应倾向围绕评价过程中的适应性意义形成最终的实际反应，主要发挥着社会交流和应对两大功能（Smith & Lazarus，1990）。因此，认知在情绪的产生、调节以及帮助个体适应环境的过程中发挥着重要的作用（Smith & Lazarus，1990）。

情绪认知评价理论认为，情绪反应中的认知评价过程和将情绪转化为实际反应的过程使情绪区别于本能反应，使情绪具有弹性，从而更具适应性功能（Smith & Lazarus，1990）。

首先，情绪与本能反应的刺激来源不同。情绪不仅产生于个体内在或外部发生的真实事件，而且产生于想象中、预期可能发生的事件（Smith & Lazarus，1990）。本能反应只产生于真实发生的内在或外部事件。其次，产生情绪的刺激和产生本能反应的刺激的特异性不同。情绪的刺激具有低特异性，这并不意味着情绪是任何刺激都能产生的随机状态，恰恰相反，每一种情绪都是个体对某一类重要事件（产生的利害关系）的反应，并促使个体做出相应的应对行为（Smith & Lazarus，1990）。情绪刺激的特异性低意味着情绪的产生并不是来自某一个具体事件，而是来自某一类事件对个体的意义，即情绪是在对意义的评价过程中产生的（Smith & Lazarus，1990）。任何对个体产生利害关系的事件都会引发情绪（Smith & Lazarus，1990）。本能反应的刺激事件具有高度特异性，即某一特定的刺激可能带来某一特定的、固定的行为反应（Smith & Lazarus，1990）。最后，情绪和本能反应的弹性不同。本能反应的弹性低（Smith & Lazarus，1990），虽然其具有适应性功能，但是这种固定的本能反应的成本比较高，尤其是个体和环境在复杂的情况下出现新的互动模式时，需要新的本能反应模式，当互动变得更加复杂时，这种不断依靠本能反应进行互动的过程会使个体在环境中处于不利地位（Smith & Lazarus，1990）。此时，个体需要对环境保持敏感，并采取更具弹性的反应（Smith & Lazarus，1990）。情绪不同于本能反应，情绪是个体基于“个体—环境”关系的评价做出的具有适应性功能的反应，包含了动机和认知评价的内容，在个体认知评价过程中产生的反应更具弹性和变化性（Smith & Lazarus，1990）。

情绪认知评价理论的基本假设之一是情绪基于认知评价的精神和生物学上的情绪反应，其目的在于认清情绪是如何促进个体形成具有适应性的有效应对策略的（Smith & Lazarus，1990）。人类最重要的功能在于控制、限制特定的环境刺激事件引发的内在本能反应，本能反应是适应环境的最简单的适应性反应（Smith & Lazarus，1990）。虽然本能反应也具有适应功能，但是情绪能够将刺激事件与本能反应脱离，防止个体做出即时反应，增加反应的多样性和复杂性，从而体现其适应性功能（Smith & Lazarus，1990）。情绪认知评价理论突出了人类积极理解环境并不断探索自身反应对环境的影响这一特点。因此，情绪的产生不同于个体本能的、自动产生的情感（Smith & Lazarus，1990）。个体需要不断地学习，通过知识和判断来弥补刺激事件和本能反应行为之间的差距，努力使评价取代内在本能反应（Smith & Lazarus，1990）。

（2）情绪认知评价的过程

情绪认知理论的核心观点是将个体对“个体—环境”关系的利害关系的认知评价取代本能反应，将刺激事件与个体的本能反应相分离，从而产生基于动机和认知的情绪反应（Smith & Lazarus，1990）。情绪认知评价理论认为，基于动机和评价的情绪是外界环境和行为之间的关键适应过程，其关键命题之一是认知过程产生于个体对“个体—环境”关系的判断，不同的“个体—环境”关系评价能够产生不同的情绪（Smith & Lazarus，1990）。

情绪认知评价过程与压力认知评价过程有相似之处，包括初级评价和次级评价。初级评价是个体对刺激事件是否会对个体福祉产生影响、产生何种影响的评价，这主要涉及情绪的动机属性，即个体对刺激事件是否产生情绪取决于个体从动机角度分析刺激事件帮助或抑制个体目标实现的评价（Smith & Lazarus，1990）。次级评价是个体对应对刺激事件的个人资源和可能采取的应对措施的评价（Smith & Lazarus，1990）。具体而言，初级评价通过对现实发生对事件与个体目标是否有关系、对目标的实现产生何种影响以及对个体自尊、道德价值观等产生的影响等方面进行评价，产生相对自然的、原始的情感；次级评价通过对问责（是否有人应该对该事件负责）、应对策略（包括关注问题和关注情绪的应对策略）以及未来预期（对未来形势的判断）的评价，产生更微妙的情绪，并在社会互动中发挥作用（Smith & Lazarus，1990；Beal et al.，2005；Burgess et al.，2022）。此外，个体对刺激事件的评价受个体特征的影响（Smith & Lazarus，1990）。

（3）应对策略

基于评价过程产生的情绪的最基本的适应任务是激发个体最有效的行为以满足自身的生理和社会需求（Smith & Lazarus，1990）。也就是说，个体需要分析环境中与自身生存需求有关的信息，并且这一分析过程能够激发个体做出有助于提高其生存概率的行为（Smith & Lazarus，1990）。不同于压力认知评价理论中的应对策略，情绪认知评价中的应对策略包括反应倾向和实际反应。反应倾向是指个体可能采取的各种反应（Smith & Lazarus，1990）。个体有能力抑制某些反应倾向，从中选择一种并付诸行动，从而形成实际的反应。这就是情绪过程中所表现出的弹性（Smith & Lazarus，1990）。Gross（1998a）认为，情绪就是反应倾向。

实际行动可能采取解决问题的应对策略，也有可能采取解决情绪的应对策略，还有可能采取同时解决问题和情绪的应对策略（Smith & Lazarus，1990）。应对策略并不是情绪认知评价理论的终点，而是对接下来的认知和情绪产生影响。这种影响机制至少表现在两个方面：一是解决问题的应对策略意图改变现有问题的关系，如果该应对策略有效，那么个体就会感知问题的威胁或伤害已经消除，并且原本的负面情绪也会消除，转向积极的情绪状态；二是调节情绪的应对策略是指在环境无法或很难改变时，通过管理负面情绪的策略，如通过放松或锻炼的方式或者通过否认发生的事件（可能引发认知失调）或与环境保持一定的距离来管理情绪（Smith & Lazarus，1990）。这是针对个体自身的应对策略（Smith & Lazarus，1990）。有学者认为，调节情绪的应对策略的适应性功能没有解决问题的应对策略的适应性功能强，但也有学者认为，解决问题的应对策略和调节情绪的应对策略对于个体适应环境都具有非常重要的意义

（Smith & Lazarus，1990）。应对策略中的解决问题和调节情绪这两个功能能够帮助个体与环境建立和谐的关系，即应对策略在解决问题和调节情绪这两方面能帮助个体适应环境。从长远来看，能够保持问题的解决和情绪的调节之间平衡的应对策略才能发挥更好的适应性功能（Smith & Lazarus，1990）。应对策略对情绪的影响从事件发生开始到事件结束（Lazarus & Folkman，1987）。情绪产生于意义，并且具有动态性，同时情绪能够使个体对“个体—环境”的适应关系保持敏感（Smith & Lazarus，1990）。

总体而言，情绪认知评价理论关注“个体—环境”关系和认知的中介作用（Smith & Lazarus，1990）。情绪产生于个体对外界刺激事件的认知评价，认知是个体从感知刺激到产生情绪反应的中介物（孟昭兰，1985）。个体处在可能给自身带来各种利害、复杂而微妙的环境中，需要做出具有高度弹性的反应（Smith & Lazarus，1990）。情绪是个体适应环境的方法之一。每一种情绪都是个体通过“个体—环境”的利害关系的评价而产生的，个体体验到的情绪影响个体对事件的反应（Smith & Lazarus，1990）。情绪对个体主观幸福感、身体健康、社会交流和解决问题的表现都会产生重要影响（Smith & Lazarus，1990）。情绪过程有助于个体适应环境，是个体在潜在的威胁、伤害或挑战面前，试图实现的重要目标、实现生存和成长而对环境做出反应的过程（Smith & Lazarus，1990）。个体的目标、知识和信念都与情绪的认知评价过程密切相关（Smith & Lazarus，1990）。

4 员工心理契约破裂后的修复机制的理论研究

4.1 引言

心理契约是指员工对于其与组织对彼此的责任和义务的期待和信念（Tomprou et al.，2015）。心理契约的一个重要理论来源是社会交换理论。该理论一直以来都是心理契约研究的主流理论，认为员工与组织之间的交换关系是基于互惠原则的物质上和情感上的交换，一旦互惠原则遭到破坏，交换关系就会断裂，员工便会出现一系列情感上和行为上的负面反应（马骊等，2021）。另外，也有学者从公平理论和期望理论研究心理契约（马骊等，2021）。公平理论认为，员工试图平衡其对组织的付出和得到的组织回报之间的关系，员工只有在交换过程中感知到其对组织的付出和得到的组织回报大致相等时，才会认为实现了公平交易，交换关系才能维持（马骊等，2021）。如果员工发现其付出没有获得预期的回报，则会产生不公平感，交换关系便难以维持。期望理论从期望值和效价的角度分析员工心理契约（马骊等，2021）。期望值是个体对目标或者期待的把握程度，效价是所能达到的目标对满足个体需求的价值，两者的乘积等于激励力量，即调动个体积极性、激发其内在潜力的强度（马骊等，2021）。员工对组织抱有的期待的把握程度越高，并且该期待对满足员工需求的程度越高，就越能激发员工的动力，员工的积极性也就越高。如果在期望值和效价中，有一项为零，激励力量就会为零（马骊等，2021）。因此，组织应掌握员工对组织的期待和员工希望的实现途径，激励员工做出能够发挥最佳效用的行为（马骊等，2021）。

基于以上理论的研究，大多认为员工心理契约破裂会导致员工的消极反应，并由此带来心理契约损伤或心理契约失效的结果。社会交换理论的一个重要理论来源是强化心理学（Emerson，1976）。强化心理学基于“刺激—反应”模式，强调个体受到刺激之后会产生即时的反应。基于“刺激—反应”和互惠原则的社会交换理论解释了员工与组织之间心理契约的形成和良性循环的过程，当互惠原则遭到破坏时，其所带来的积极影响便随之消失（Ng et al.，2013）。因此，员工心理契约破裂或违背会引起员工消极的态度或行为的变化，目前相关研究非常丰富。然而，强化心理学忽视了个体认知在“刺激—反应”过程中的重要作用，限制了心理契约理论的进一步发展。心理契约是员工在与组织互动的过程中形成的具有自我调节性质的认知系统（Rousseau et al.，2018；Hind et al.，1996）。Rousseau（1989）强调员工的认知在心理契约的形成、破裂等过程中发挥着重要作用。而基于社会认知的自我调节理论强调个体认知对目标追求的影响，为心理契约的动态性研究提供了新的理论视角。

近年来，越来越多的学者认识到，自我调节理论在引导员工应对心理契约变化过程中所发挥的作用（Tomprou et al.，2015；Solinger et al.，2016；Rousseau et al.，2018；Shaffakat et al.，2021）。Tomprou 等（2015）基于自我调节理论绘制出员工心理契约后违背模型，认为员工心理契约破裂有可能得到修复。Solinger 等（2016）基于心理契约后违背模型，认为员工心理契约破裂后，员工的组织承诺能够恢复到破裂前的水平。Shaffakat 等（2021）将正念（mindfulness）作为调节变量，认为正念作为一种强有力的自我调节机制，能够缓解心理契约破裂带来的负面情绪，丰富了对心理契约破裂对员工负面影响这一路径的边界条件的认识。Rousseau 等（2018）指出，员工心理契约在自我调节机制下呈现动态特征。员工的自我调节过程影响心理契约破裂后员工的反应（Rousseau，2010）。现有相关研究为心理契约破裂后的修复研究奠定了基础，但目前关于心理契约破裂后员工的自我调节机制如何影响心理契约本身的动态变化的研究较少，更缺乏相关的实证研究。因此，本研究根据自我调节理论，突出员工在应对心理契约破裂中所发挥的主动作用，分析员工在内在标准和自我反应影响下的自我调节机制的心理契约修复过程。

自我调节理论是关于个体追求和维持理想目标的过程的理论（Bandura，

1991；Carver & Scheier，1998）。当个体感知到现实与参照标准之间存在差异时，会通过改变认知和改变行为两种方式进行调节以缩小或消除差异，实现对理想目标的追求（Carver & Scheier，1998）。其中，行为调节受到情绪调节的影响（Lord et al.，2010；段锦云和魏秋江，2012）。对于员工而言，心理契约破裂是现实与已经形成的心理契约参照标准之间存在的负向差异的感知，会引发员工情绪上的变化。因此，本研究认为，员工心理契约破裂后会通过认知调节和行为调节两种方式缩小或消除负向差异以达到心理契约修复的目的。由此，本研究以自我调节理论为基本指导，构建了“认知调节”和“‘情绪—行为’调节”两条路径，分析了员工在自我调节机制影响下的心理契约修复机制。然而，自我调节理论对于个体如何改变认知、认知如何在情绪和行为之间发挥作用等问题缺乏系统阐释。认知评价理论中关于认知评价与应对策略的关系、认知评价与结果的关系以及情绪的认知评价过程等内容为员工心理契约破裂后通过“认知调节”和“‘情绪—行为’调节”修复心理契约的研究提供了更为深入的理论指导。因此，本研究结合压力认知评价理论具体阐释“心理契约破裂—认知调节—心理契约修复”这一路径，结合情绪认知评价理论具体阐释“心理契约破裂—情绪调节—行为调节—心理契约修复”这一路径。另外，员工的自我调节和认知评价过程是认知资源消耗的过程（Bandura，1991；Burgess et al.，2022），与个体目标一致的组织诱因是引导员工心理契约修复的重要因素之一（Rousseau et al.，2018）。员工战略共识是指员工对于组织战略的理解和认同，能够在员工与组织之间形成合力（黄再胜，2010），有助于心理契约的修复。因此，本研究分析了员工战略共识在“心理契约破裂—认知调节—心理契约修复”和“心理契约破裂—情绪调节—行为调节—心理契约修复”修复路径中的调节作用。

4.2 自我调节理论指导下员工心理契约破裂后的修复研究

4.2.1 员工心理契约破裂后的修复目标

Bankins（2015）认为，心理契约修复是指员工心理契约破裂后恢复到关系型心理契约或平衡型心理契约的状态。Tomprou 等（2015）将心理契约修复定义为员工心理契约状态恢复到破裂前的水平。也就是说，心理契约修复是指员工心理契约破裂后与组织重新建立有效心理契约的状态。心理契约修复有助于员工保障自身在组织中的长期生存和发展。自我调节理论是关于个体追求和维持理想目标的过程的理论，个体自我调节的最终目标在于适应外部环境并与外部环境建立匹配的关系从而实现个体的生存和发展（Bandura，1991；Carver & Scheier，1998）。自我调节理论中关于个体对于目标的追求是理解员工在心理契约破裂后进行有效的自我调节、努力修复心理契约的关键。

自我调节理论认为，个体的目标包含近期目标和长远目标，目标之间具有层级性特征（Carver & Scheier，1998）。近期目标的实现会给个体带来自我满足感，这种满足感来自个体对事件进展的掌控感。长远目标的自我挑战感和近期目标的自我掌控感共存，形成了个体的自我动机（Bandura，1991）。同时，目标具有动态性特征，个体的目标会随着事件的进展而变化，个体可能维持原有目标，也可能降低目标或重新设定更具挑战性的目标（Bandura，1991）。员工心理契约破裂是指员工认为其在组织中的付出没有得到相应的组织回报，这意味着维护员工与组织之间的责任与义务的互惠关系出现了问题（Morrison & Robinson，1997；Rousseau et al.，2018）。员工心理契约破裂后，为了保障自身在组织中的生存和发展，会设定解决导致心理契约破裂事件的近期目标和重新与组织建立有效的责任义务关系的长远目标。如果近期目标得以实现，即导致心理契约破裂的事件得到成功解决，个体便能够感知其对事件的掌控感，这能够有效促进员工与组织重归于好，按照心理契约破裂前的责任义务关系继续履行责任，达到心理契约修复的目标。如果员工感知近期目标难以实现，即员工感知心理契约破裂事件难以解决，就会根据心理契约破裂事件的进展，不断修正目标，调整自身原本持有的对组织的期待，重新与组织建立有效的责任与义务关系，达到心理契约修复的目标。需要指出的是，此时的心理契约修复可能意味着员工接受了心理契约破裂的现实，暂时放弃了预期的组织回报，重新调整了自身与组织之间的责任关系，从而达到修复心理契约的目标。

另外，个体的目标具有导向性和动机性，自我调节机制能够在目标的导向和动机的激励下发挥作用（Carver & Scheier，1998）。只有对个体重要的事件才会激发个体自我调节系统（Carver & Scheier，1998）。心理契约是员工对其与组织彼此应尽义务的信念，对于员工来说，心理契约一旦形成，便成为员工与组织双方应尽义务的参照标准，这对员工在组织中的生存和职业发展至关重要（Tomprou et al.，2015；Baruch & Rousseau，2019）。因此，当员工心理契约破裂后，在保障自身在组织中的利益和未来职业发展动机的驱动下，员工会积极与组织重新建立有效的责任义务关系，修复心理契约。

因此，根据自我调节理论，员工心理契约破裂后的修复包含两种情况。一种是导致心理契约破裂的事件得以有效解决之后心理契约重新启动；另一种是导致心理契约破裂的事件没有得到解决，心理契约重新修订。这两种情况都能够帮助员工修复心理契约。有效解决导致心理契约破裂的事件能够消除心理契约破裂带来的负面情绪，提高员工继续履行契约责任的意愿，促进员工与组织重新建立有效的心理契约，从而达到修复心理契约的目标。然而，员工与组织重新建立有效的心理契约不一定要求导致心理契约破裂的事件得到有效解决。员工自我调节的最终目标是与组织建立匹配的、有效的雇佣关系。在此目标的驱动下，员工会选择不同的策略调整目标，以达到心理契约修复的目标。

4.2.2 员工心理契约破裂后的修复路径研究

自我调节主要关注目标选择、目标追求和反馈回路三个环节，强调个体认知对目标追求的影响（Bandura，1991；Carver & Scheier，1998）。自我调节理论的核心在于个体会设置目标并比较实际进展与目标，当个体察觉到现实与理想目标出现差异时，就会做出认知或行为上的改变，以缩小或消除差异（Lord et al.，2010）。也就是说，当个体感知到现实与参照标准之间存在差异时，就会触发自我调节系统以缩小或消除差异，实现对理想目标的追求（Carver & Scheier，1998）。

自我调节理论中的“自我监察—自我判断—自我反应”过程为解释心理契约从破裂到修复提供了基本的逻辑框架。自我监察是个体分析自身行为的原因、短期和长期影响等的过程；自我判断是指个体根据社会标准设置个体目标，并对自身做出的改变（认知改变和行为改变）进行自我评价的过程；

自我反应是指个体通过自我评价产生各种体验的过程，也就是说，自我反应是个体做出改变之后，对评价该改变是否达到其目标而产生的各种体验，如自豪、自我满足感等（Bandura，1991）。员工在感知心理契约破裂后会对破裂事件、自身和组织环境等方面进行分析（自我监察），然后对心理契约破裂做出认知和行为上的反应，并且就这些反应对员工与组织之间的雇佣关系的影响进行判断（自我判断），最后产生关于心理契约变化的各种内心体验（自我反应）。

自我调节理论中对于个体的认知和行为的社会认知过程是解释心理契约动态变化的因果过程的核心（Rousseau et al.，2018）。员工心理契约破裂是员工对现实与已形成的心理契约参照标准之间存在负向差异的感知。心理契约破裂后，员工会产生认知、情绪和行为等方面的变化，并通过改变认知和改变行为来缩小或消除心理契约破裂产生的负向差异，达到心理契约修复的目标。改变认知是指个体通过修正目标来缩小或消除差异，改变行为是指个体通过增加或减少努力来不断接近或达到目标。改变认知意味着员工根据心理契约破裂事件的进展，对事件做出评价，并调整自身对组织的期待，重新与组织建立有效的心理契约，达到心理契约修复的目标。改变行为意味着员工心理契约破裂后会采取行为保障自身在组织中的利益，维持其在组织中的付出和得到的组织回报的平衡，实现与组织重新建立有效的心理契约、修复心理契约的目标。同时，员工的行为调节受到情绪调节的影响（Lord et al.，2010）。行为的自我调节包括冲动行为和理性行为这两种不同但又相互关联的调节系统，冲动行为是对情境自然的、原始的反应，理性行为是对情境缓慢却灵活的反应，具有战略性意义（Lord et al.，2010）。自我调节的本质在于个体具有自我控制能力，能够通过对情境的评价并在与情境互动的过程中形成具有适应性的机制，从而采取一种有利于目标达成的反应方式取代自然的、原始的反应方式。情绪的自我调节（emotional self-regulation）是个体采取理性行为、避免冲动行为、趋利避害、形成积极适应性机制的关键（Gross，1998a；Smith & Lazarus，1990）。由此，本研究构建了员工心理契约破裂后“认知调节”和“‘情绪—行为’调节”两条修复路径，如图 4.1 所示。

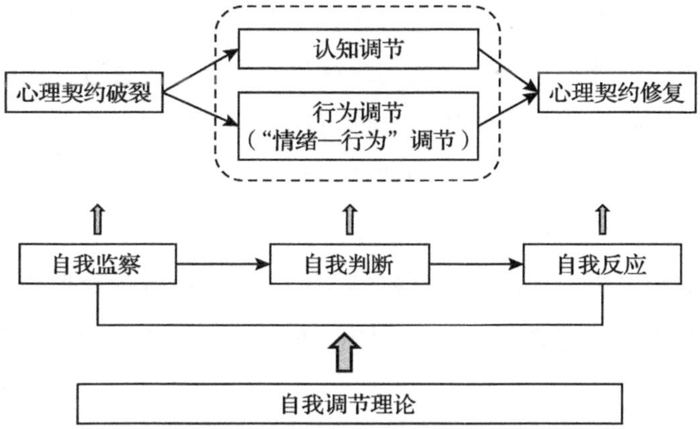

图 4.1　心理契约破裂后的修复过程理论模型

自我调节理论为员工心理契约破裂后采取的调节策略以及这些调节策略对心理契约修复的影响的分析提供了基本的逻辑框架和理论指导。然而，自我调节理论的应用研究面临着如何把这些看起来不同的因素组合成有机的动态系统这一挑战（Lord et al.，2010）。虽然自我调节理论强调个体认知在调节过程中的重要作用，但是对于个体如何改变认知、认知如何在情绪和行为之间发挥作用等问题缺乏系统阐释。因此，本研究结合认知评价理论进一步解释心理契约破裂后员工应如何进行认知调节、认知如何影响员工情绪和行为的调节以及这些调节过程对心理契约修复的影响。认知评价理论包括压力的认知评价理论和情绪的认知评价理论。认知评价理论中关于评价与应对策略的关系以及评价与结果的关系等内容为心理契约破裂后的“认知调节”修复路径的研究提供了理论指导，情绪认知评价理论中关于情绪的认知评价过程以及情绪的行为调节等内容为心理契约破裂后的“‘情绪—行为’调节”修复路径的研究提供理论指导。

4.3　基于认知调节的修复路径的理论研究

压力认知评价理论介绍了个体在压力下基于环境的认知评价产生相应的应对策略以及由此带来的结果之间的关系，个体通过认知评价产生的应对策略是带来适应性结果的主要因素（Lazarus & Folkman，1987）。挑战性评价是个体通过初级评价和次级评价过程，评估压力对自身福祉、目标的影响以及自身对压力事件可能采取的应对策略和应对能力等方面后，对压力做出的具有积极意义的评价。阻碍性评价是个体通过初级评价和次级评价过程，评估压力对自身福祉、目标的影响以及自身对压力事件可能采取的应对策略和应对能力等方面后，对压力做出的具有消极意义的评价。并且，个体对压力事件可能同时产生挑战性评价和阻碍性评价（Gerich & Weber，2020）。挑战性评价促使个体关注压力事件中的积极因素，通常与积极结果相关；阻碍性评价促使个体关注压力事件中的不利因素，通常带来消极影响（Folkman et al.，1986；Mitchell et al.，2019）。

根据压力认知评价理论，员工心理契约破裂后可能同时产生挑战性评价和阻碍性评价，从而对心理契约状态产生不同的影响。一方面，员工评价心理契约破裂对自身的影响以及自身应对该事件的资源和能力等方面后，为了自身在组织中的生存和长期发展，在追求理想目标（即与组织建立有效的心理契约）的驱动下，积极解读心理契约破裂，努力从破裂事件中获取潜在的教育意义，并关注组织中的积极因素，将心理契约破裂视为其与组织的雇佣关系的“小插曲”，对心理契约破裂形成挑战性评价，因而获取与组织建立更加匹配的雇佣关系的心智，积极调整自身与组织之间的责任与义务，与组织重新建立有效的责任义务关系，从而帮助心理契约修复。另一方面，员工评价心理契约破裂对自身的影响以及自身应对该事件的资源和能力等方面后，在追求自身利益的驱动下，可能消极解读心理契约破裂，认为自身利益受损，其与组织之间的互惠关系受到阻断，阻碍了其工作目标的实现，对心理契约破裂形成阻碍性评价，关注心理契约破裂给自身带来的负面影响，因而降低了员工继续履行其责任的意愿，并对履行组织责任采取逃避和回避等策略，从而导致心理契约损伤或心理契约失效。

自我调节理论的核心在于个体具有自我控制能力，驱使个体采取有利于目标达成的反应方式来取代原始的反应方式，使个体在众多选择中做出决策、形成和维持某种行为，并通过调整内在状态调节自身（Vohs et al.，2008）。个体具有并且发挥这种自我控制能力的关键在于自身在自我导向的引导下，基于对理想目标的追求而进行的认知评价（Bandura，1991）。并且，个体自身的调节能力也会影响个体能否运用能力和资源进行有效调节

（Bandura，1991）。当个体严格按照事件进展进行评价时，很难从事件的过程中获得成就感，反而产生压力，产生自我调节功能失调的不利结果（Bandura，1991）。员工心理契约破裂后产生的阻碍性评价促使员工关注自身面临的困境以及困境带来的负面影响，这种负面经历会使员工消耗自我调节的资源和能量，从而失去做出具有积极意义的自我调节行为的能力，如主动做出选择、解决复杂问题等的能力（Baumeister，2002）。因此，员工对心理契约破裂形成阻碍性评价之后会使其将注意力放在自身利益受损、未来职业发展受到威胁等负面信息上，忽视了破裂事件中潜在的积极意义和组织中其他积极因素，这种负面经历会消耗员工的自我调节资源，不利于员工获取可能的资源，使员工处于自我资源耗竭的状态，降低了做出积极努力的可能性，从而使其对心理契约破裂做出消极应对策略，最终导致心理契约损伤或心理契约失效。

因此，基于压力认知评价理论，员工在心理契约破裂之后会产生“心理契约破裂—挑战性评价—心理契约修复”和“心理契约破裂—阻碍性评价—心理契约损伤或心理契约失效”两条认知调节路径。“心理契约破裂—挑战性评价—心理契约修复”是员工在追求理想目标（即与组织建立有效的心理契约）的驱使下，对心理契约破裂做出积极的认知评价，并为适应组织环境而做出积极的努力，属于员工有效的自我调节路径。“心理契约破裂—阻碍性评价—心理契约损伤或心理契约失效”是员工严格对照分析现实与参照标准，关注心理契约破裂对自身产生的负面影响而产生自我调节资源耗竭、失去做出积极应对策略的能力，属于员工自我调节失效的路径。基于此，本研究绘制了员工心理契约破裂后通过认知调节修复心理契约的过程，如图 4.2 所示。因本研究的研究内容为员工心理契约破裂后的修复机制，因此，本研究将关注员工进行有效自我调节的路径，即“心理契约破裂—挑战性评价—心理契约修复”这一路径。

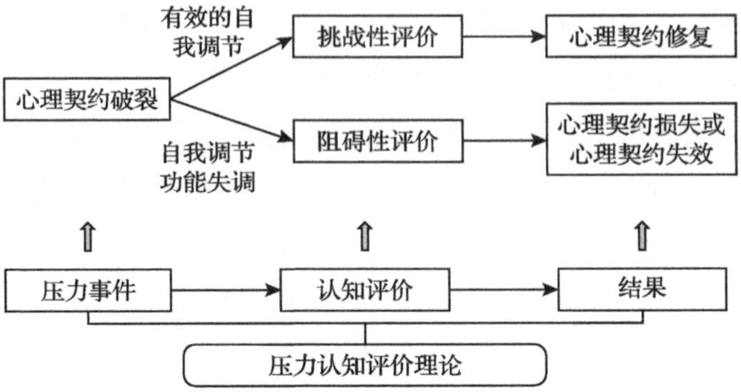

图 4.2　员工心理契约破裂后通过认知调节修复心理契约的过程

4.4　基于“情绪—行为”调节的修复路径的理论研究

情绪认知评价理论解释了个体情绪产生的时间、程度、体验以及行为调节等过程，情绪调节是个体在感知现实与参考标准之间的差异后促使自身采取有利于目标达成的行为、适应环境、与环境建立匹配关系的关键（Gross，1998a；Smith & Lazarus，1990）。Gross（1998a）从进化论视角将情绪视为个体对环境做出评价之后所产生的反应倾向，认为情绪调节是个体在应对环境中的变化过程中建立适应性机制的重要过程。个体通过对环境或情景进行初级评价和次级评价之后，会产生具有针对性和社交功能的情绪，并产生行为上、生理上或经验上的反应倾向，并且个体就反应倾向对环境或情景的影响进行进一步评价，从而做出有利于目标达成、帮助个体与环境或情景建立匹配关系的实际反应行为（Gross，1998a；Smith & Lazarus，1990）。实际的反应行为并非情绪认知评价的结束，而是在解决问题和调节情绪两个方面发挥适应性功能，影响个体的认知和情绪，帮助个体与环境或情境建立相匹配的关系（Smith & Lazarus，1990）。

根据情绪认知评价过程，员工心理契约破裂后，员工会对导致心理契约破裂的事件进行初级评价和次级评价。心理契约破裂意味着员工感知自身利益受到损失，使员工对其组织成员的角色产生怀疑，自尊受到伤害，因而心理契约破裂后员工会产生负面情绪。当员工对心理契约破裂进行进一步归因分析之后，可能认为组织及其自身对心理契约破裂事件都负有一定的责任，从而产生对组织感到失望和对自身感到懊悔的负面情绪。同时，情绪具有动机特征，个体做出积极还是消极的应对策略取决于引起情绪的事件对个体的重要性（Smith & Lazarus，1990）。如果引起情绪的事件对于个体实现目标来说很重要，那么个体通常采取积极的应对策略（Smith & Lazarus，1990）。心理契约是员工对于其与组织对彼此应尽的责任的感知，是员工衡量其在组织中的付出和得到的组织回报的标准，对员工在组织中的生存和职业发展至关重要（Baruch & Rousseau，2019）。员工在失望和懊悔的负面情绪和追求理想目标（即与组织建立有效的心理契约）的驱动下，会做出同时考虑组织利益和自身利益的众利式建言行为。众利式建言是员工本着“和平相处”的原则，向组织提出旨在解决心理契约破裂事件的积极建议，帮助员工明晰其与组织之间的责任关系、解决心理契约破裂事件、缓解员工的负面情绪，并由此带来积极的调节结果，即心理契约修复。也就是说，当员工感知到心理契约差异时，会激活自身的情绪反应，促进向心理契约修复或新的心理契约的转变（Rousseau et al.，2018）。

当然，现有研究表明，心理契约破裂会引发员工的负面应对行为，如破坏性建言、工作越轨、非伦理行为等（张璇等，2017；Shaffakat et al.，2021；钟熙等，2020）。并且，负面应对行为也能够发挥调节负面情绪的功能。员工之所以做出针对组织的负面行为，是因为员工基于社会交换理论，认为其与组织之间的互惠关系中断，从而做出具有报复性质的行为。情绪认知评价理论与社会交换理论的区别在于，情绪认知评价理论强调个体认知在情绪的产生和调节行为过程中所发挥的作用。情绪认知评价理论与社会交换理论从不同角度解释了员工对心理契约破裂的反应，其区别体现在以下三个方面。

第一，根据情绪认知评价理论，认知在情绪的产生类型和程度上发挥调节作用，员工对心理契约破裂进行理性归因分析后，认为作为契约双方的组织和员工自身都应该对心理契约破裂事件负有责任，而非一味地将责任归咎于组织。这一归因过程缓解了员工对组织的负面情绪，并产生了具有指向性的情绪类型，即对组织的失望和对自身的懊悔。根据社会交换理论，心理契约破裂会使员工认为组织未履行其应该履行的责任而对组织产生强烈的负面情绪，即心理契约违背。

第二，情绪认知评价理论认为情绪即反应倾向，员工在情绪产生之后、实际行为产生之前会就反应倾向对现实的影响进行评价，而正是这一评价过程降低了员工对心理契约破裂做出即时的负面行为的概率，从而使员工对心理契约破裂的实际反应更加丰富、多变和策略化。社会交换理论基于强化心理学中的“刺激—反应”模式（Emerson，1976），认为员工在心理契约破裂负面事件的刺激下会做出即时的、本能的负面行为。

第三，情绪认知评价理论认为，情绪具有动机性，个体产生情绪之后做出积极还是消极的应对策略取决于引起情绪的事件对个体的重要性（Smith & Lazarus，1990）。如果引起情绪的事件对于个体实现目标来说很重要，那么个体通常采取积极的应对策略（Smith & Lazarus，1990）。心理契约是员工对其与组织彼此应尽责任的感知，是员工衡量其在组织中的付出和得到的组织回报的标准，对员工在组织中的生存和职业发展至关重要（Baruch & Rousseau，2019）。心理契约破裂之后，员工为了争取自身在组织中的利益，维护其作为组织员工的角色，保障未来的职业发展，通常选择能够有效解决导致心理契约破裂的问题的积极的反应策略。当员工对工作感到不满时，会采取以改变现状为导向的建言行为（周浩，2021）。因此，员工在追求自身利益的动机下，会采取旨在解决问题、与组织建立和谐关系的众利式建言行为作为应对策略。根据社会交换理论，员工心理契约破裂会引发员工心理契约违背，并在消极互惠情绪的影响下做出负面行为。虽然负面行为能够在一定程度上调节员工的负面情绪，但是不能从根本上解决引发负面情绪的事件。从长远来看，负面行为不利于员工在组织中的生存和发展，心理契约面临损伤或失效的风险。

因此，本研究基于情绪认知评价理论，构建了以失望和懊悔以及众利式建言为链式中介的心理契约破裂后的“情绪—行为调节”修复路径。如图 4.3 所示。

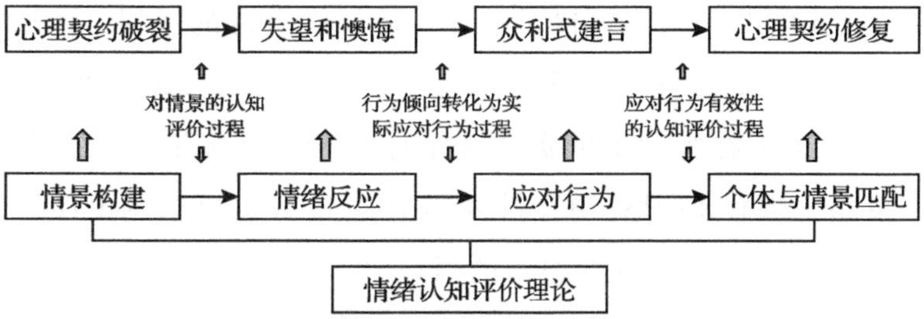

图 4.3　员工心理契约破裂后通过“情绪—行为”调节修复心理契约的过程

4.5　两条修复路径的关系及修复路径的边界条件研究

“心理契约破裂—挑战性评价—心理契约修复”是员工在追求理想目标（即与组织建立有效的心理契约）的驱动下，对心理契约破裂做出积极的认知评价的过程，属于员工有效的自我调节路径。这一路径是员工重新解读心理契约中组织与员工的责任义务关系，形成弹性的“付出—回报”关系，能够帮助员工与组织重新建立有效的契约关系，从而达到心理契约修复的目标。“心理契约破裂—失望和懊悔—众利式建言—心理契约修复”是员工在追求理想目标（即与组织建立有效的心理契约）的驱动下，对心理契约破裂引发的负面情绪进行认知评价，从而做出有利于目标达成的调节行为的过程。这一路径是员工依据心理契约破裂带来的负面情绪的类型和程度进行调节，并通过情绪的反应倾向对现实的影响进行认知评价，促使员工做出具有弹性和战略性的调节行为以改变现状，从而帮助员工与组织重新建立有效的契约关系。在这两条路径中，员工认知都发挥了重要的调节作用，如图 4.4 所示。

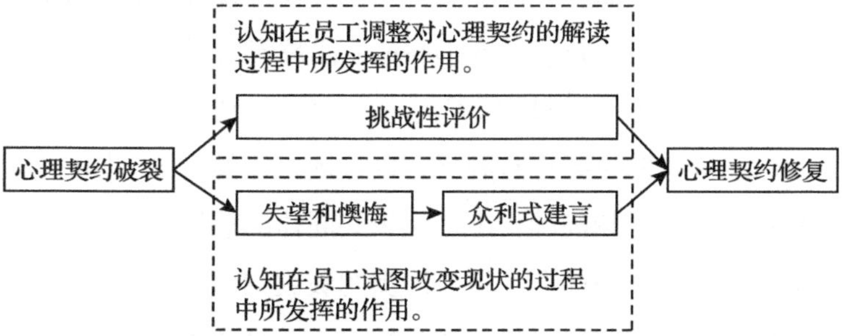

图 4.4　认知在两条修复路径中的作用

个体的自我调节和认知评价是消耗个体认知资源的过程，认知资源在个体进行有效自我调节过程中发挥着重要作用（Burgess et al.，2022；Bandura，1997）。另外，员工在组织中的资源和个体自身的特征资源对于个体采取积极的应对策略、促使心理契约良性发展方面具有重要作用（Tomprou et al.，2015）。与员工个体目标一致的组织诱因是引导员工心理契约修复的重要因素之一（Rousseau et al.，2018）。员工战略共识是指员工对组织战略内容的理解和认知（Markoczy，2001），包括员工对组织战略决策、澄清、沟通和实施等方面的理解、认同和责任感知，是员工在组织中相对稳定的认知资源（黄再胜，2011）。战略共识水平越高的员工对组织的战略目标和战略实施路径越清晰，对组织的认可度越高，更倾向于将自身的职业发展与组织的战略目标相结合，与组织形成共同体。心理契约破裂之后，战略共识水平越高的员工越有可能理性分析破裂事件对自身的影响，并从长远视角弹性分析自身对组织的付出和得到的组织回报之间的关系，因而更有可能将心理契约破裂事件视为能够帮助其明晰员工与组织之间的责任、有利于获取长远组织回报的具有教育意义的事件，深入解读破裂事件中潜在的积极因素，更容易形成挑战性评价，从而促进心理契约修复。因此，本研究将员工战略共识作为调节变量，探讨员工心理契约破裂后认知调节的修复路径的边界条件。

另外，员工战略共识有助于员工调节自身的情绪程度和类型，促使员工做出有利于组织和自身的众利式建言行为，从而促进心理契约修复。无论是从进化论视角还是"个体—环境匹配"视角，情绪的最根本的适应性目的是在生存和社会要求的压力下，激活个体最为有效的行为反应，并且与环境建立更加匹配的互动关系（Gross，1998a；Smith & Lazarus，1990）。以认知和动机为基础的情绪调节能够使个体用学习性反应（learned responses）代替先天反应，成为干预环境刺激和行为之间关系的重要适应性过程（Gross，1998a）。情绪调节的这种努力将促使个体在遇到暂时的挫折时选择更有利于实现长远目标的行为。因此，员工心理契约破裂后，战略共识水平越高的员工在组织共同体的意识下，越能理性地分析导致心理契约破裂的原因，越倾向于将心理契约破裂归因为组织和自身双方，从而更可能产生对组织的失望和对自身的懊悔情绪，并采取更具弹性和战略性的众利式建言行为，同时在考虑组织和自身利益的基础上与组织重新建立有效的契约关系，即修复心理契约。因此，本研究将员工战略共识作为调节变量，探讨员工心理契约破裂后通过“情绪—行为”调节的修复路径的边界条件。

Gross（1998b）认为情绪调节包含情绪的生成过程和应对调整过程，即情绪调节包含情绪产生之前的聚焦前因的情绪调节和情绪产生之后的聚焦反应的情绪调节。聚焦前因的情绪调节包括重新评价现实环境中的事件来降低事件与情绪之间的关联程度（Gross，1998b）。从这一视角来看，“心理契约破裂—挑战性评价—心理契约修复”从非情绪的角度分析心理契约破裂后的修复机制，“心理契约破裂—失望和懊悔—众利式建言—心理契约修复”从情绪的角度分析心理契约破裂后的修复机制。员工战略共识在员工进行有效自我调节的过程中发挥调节作用。

4.6 本章小结

关于员工心理契约破裂后能否得到修复的观点还未达成一致，这可能与当前主要从组织视角研究组织修复策略或研究组织制度对员工心理契约修复的影响有关。心理契约破裂是员工对组织未能履行其责任的感知，组织修复策略或组织制度作为外在环境因素，对员工的内在感知的影响因人而异，因而产生了对心理契约破裂后能否得到修复的不同观点。基于组织视角的研究将员工置于对心理契约破裂事件被动接受和对组织策略被动感知的地位。然而，员工作为心理契约的一方，在心理契约破裂后发挥着重要作用。本研究以自我调节理论为基本理论指导，将员工视为主动应对心理契约破裂的一方，突出其主动性，揭示员工在内在标准和自我反应影响下的自我调节机制的心理契约修复过程。心理契约破裂后，员工在追求理想目标（即与组织建立有效的心理契约）的驱动下，会采取改变认知和改变行为两种方式主动修复心理契约。其中，心理契约破裂会使员工产生负面情绪，并影响员工的行为。因此，本研究构建了员工通过“认知调节”和“情绪—行为调节”两条心理契约修复路径。个体对目标的追求和自我调节过程是认知资源消耗的过程，员工战略共识作为员工在组织中的认知资源，能够帮助员工在认知、情绪和行为等方面进行有效调节，成为员工在心理契约破裂后的重要认知补给，从而促进心理契约修复。

5 心理契约破裂后基于认知调节的修复机制研究

5.1 引言

自我调节理论认为，当个体感知到现实与参照标准出现差异后，会通过认知或行为两种方式进行调节。本章以自我调节理论为指导，以压力认知评价理论为基础，分析员工心理契约破裂后通过认知调节修复心理契约的机制。压力源自个体在追求目标的过程中所遭遇的逆境（Carver & Connor-Smith，2010）。当个体认为环境的要求高于自身的资源时，压力便会产生（Lazarus & Folkman，1984）。心理契约破裂是员工对自身在组织中的付出没有得到相应的或充分的组织回报的感知。也就是说，员工认为，组织对自身的要求高于自身所做出的贡献，这是员工产生压力的诱因之一。压力认知评价理论解释了个体在与环境互动过程中产生压力时对压力的评价的认知过程、应对策略以及由此带来的结果之间的关系（Lazarus & Folkman，1984）。因此，本章以自我调节理论为基本逻辑，运用压力认知评价理论解释心理契约破裂后员工通过认知调节达到心理契约修复目标的影响机制。

根据压力认知评价理论，个体通过初级评价和次级评价对引发心理契约破裂的事件进行评价，形成应对策略并影响员工的心理契约状态（Lazarus & Folkman，1984）。具体而言，员工心理契约破裂后，通过分析心理契约破裂事件对自身利益和职业发展的影响，在追求理想目标（即与组织建立有效的心理契约）的驱动下，对该事件形成挑战性评价，即员工认为心理契约破裂事件对自身的能力提出了新的挑战，需要以积极的心态明晰自身与组织之间的责任关系，从而避免类似事件再次发生。同时，员工也认识到需要提高自身履行责任的能力，期待将来获得应得的组织回报，进而主动与组织达成和解，与组织建立新的有效的心理契约，促进心理契约修复。另外，个体的认知评价是消耗个体认知资源的过程，认知资源对个体进行有效的自我调节发挥着重要作用（Burgess et al.，2022；Bandura，1997）。员工的认知资源能够帮助自身在心理契约破裂后进行有效的自我调节，从而促进心理契约修复。与个体目标一致的组织诱因是引导员工心理契约修复的重要因素之一（Rousseau et al.，2018）。员工战略共识是员工对组织战略的认知、理解和认同，是员工在组织中相对稳定的认知资源（黄再胜，2011）。当员工战略共识处于高水平时，员工就有可能从积极的角度解读心理契约破裂事件，将心理契约破裂事件视为一次成长的经历，更有可能对心理契约破裂形成挑战性评价，而不是阻碍性评价。因此，本章以挑战性评价作为中介变量，以员工战略共识为调节变量，构建了一个有调节的中介模型，以解释员工心理契约破裂后基于认知调节的修复机制。本章的理论模型如图 5.1 所示。

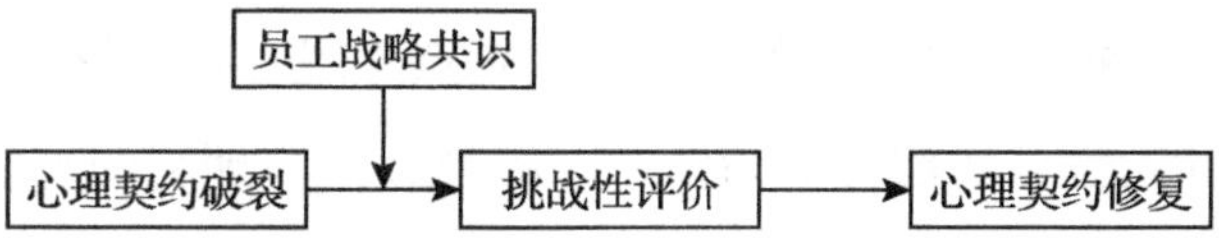

图 5.1　心理契约破裂后基于认知调节的修复机制的理论模型

为了验证心理契约破裂后基于认知调节修复机制的理论模型，本研究开展了第一次问卷调查。由于员工的自我调节需要一定的时间来完成（Lord et al.，2010），因此，本研究参考 Solinger 等（2016）的做法，分为四个阶段（每阶段间隔一周）收集数据。员工心理契约从破裂到修复是一个动态的过程，为了揭示该动态过程，本研究基于具体的心理契约破裂事件进行调查。具体做法如下。以企业员工作为调查对象，在 T1 时间点发放了第一期包含心理契约、员工战略共识和人口统计学信息的调查问卷共 380 份。一周之后，即 T2 时间点，发放第二期调查问卷，要求调查对象报告一周之内发生的心理契约破裂事件并填写心理契约破裂和心理契约量表。一周之后，即 T3 时间点，向在 T2 时间点报告了心理契约破裂事件并完成相应测量量表的调查对象发放第三期问卷，邀请调查对象完成挑战性评价量表和阻碍性评价量表。一周之后，即T4时间点，发放第四期调查问卷，邀请调查对象填写心理契约量表（即心理契约修复量表）和工作退缩行为量表。对于在T2时间点报告没有发生心理契约破裂事件的调查对象，在一周和两周之后继续询问。如果调查对象报告了心理契约破裂事件，随即按照上述程序开展T3时间点和T4时间点的调查。经过三次询问以及相应的后续调查，共回收298份有效问卷。利用SPSS 22.0和Mplus 7.0软件分析数据。

本章在以下几个方面对现有文献进行了拓展。首先，强调了员工认知在员工心理契约破裂后发挥的作用，扩充了对心理契约破裂对员工认知影响的研究。现有研究大多认为，心理契约破裂后，员工对组织未能履行其应该履行的责任的感知会促使员工认为自身处于“受害者”的角色，进而对自身在组织内的角色认同产生自我怀疑的负面认知评价，形成阻碍性评价。然而，本章强调员工在心理契约破裂后扮演着积极主动的角色，认为员工在心理契约破裂中能够总结帮助自身成长的因素，因而对心理契约破裂形成挑战性评价，扩充了对心理契约破裂对员工认知影响的研究。其次，本章通过实证研究，验证了心理契约破裂后通过认知改变达到理想目标（即心理契约修复）的观点。现有心理契约修复的研究大多采用理论阐释和定性分析法（如访谈法）解释员工心理契约破裂后的修复过程（Tomprou et al.，2015；Bankins，2015）。本章基于具体心理契约破裂事件，通过四个阶段的问卷调查，探讨了员工通过认知改变这一应对策略（即挑战性评价）达到心理契约修复的目标，深化了对员工认知在驱动员工心理契约良性发展过程中发挥积极作用的认识。最后，本章探讨了员工战略共识对员工认知和心理契约的影响，扩充了对员工战略共识影响的研究。以往对员工战略共识影响的研究主要集中在组织绩效上，近年来，对员工战略共识影响的研究逐渐扩展到员工态度和行为上（黄再胜，2011；于海云等，2022；高中华，2023）。本章认为，战略共识水平高的员工更能够从积极视角解读引发心理契约破裂的事件，更容易对心理契约破裂产生挑战性评价，从而有利于员工心理契约修复。本章将员工战略共识作为调节变量，分析其对员工的认知以及驱动员工心理契约良性发展过程中的作用，将员工战略共识的影响扩充至对自身认知以及员工与组织之间的雇佣关系上，这有利于全面认识员工战略共识在组织中的影响。

5.2 假设的提出

根据压力认知评价理论，评价是个体对环境中发生的事件对自身福祉的判断，是个体对于环境中发生的事件对自身的影响的认知（Lazarus & Folkman，1987）。压力认知评价分为初级评价和次级评价两个过程，这两个评价过程对外界环境中不同的信息进行评估。初级评价是对外界环境所发生的事件的风险的评价，次级评价是个体对可能选择的应对策略的评价（Lazarus & Folkman，1987）。具体而言，初级评价主要评估事件的动机相关性（motivational relevance），即事件与个体自身的福祉是否有重要关系。次级评价是个体对能否做出克服或阻止伤害、增进正面影响的应对措施进行评价。在这一阶段，个体评价各种应对策略，如改变现状、接受现状，寻找更多信息或者抑制冲动或起反作用的行为等（Lazarus & Folkman，1987）。初级评价和次级评价决定个体与环境的利害关系，个体由此对环境中的事件做出挑战性或者阻碍性的评价（Lazarus & Folkman，1987）。挑战性评价是指个体认为事件对自身的影响在可控范围内或者事件能够对自身带来潜在的益处，阻碍性评价是指个体认为事件会对自身带来损失或伤害（Lazarus & Folkman，1987）。个体对压力的不同评价决定了其对压力的不同反应结果（Mitchell et al.，2019）。如果个体感知到的压力能够让自己获得成长和学习，那么，其对压力的评价属于挑战性评价，会产生功能性的反应；如果个体感知到压力是阻碍其目标实现的威胁，那么，其对压力的评价属于阻碍性评价，会产生功能失调的反应（Lazarus & Folkman，1984；Mitchell et al.，2019）。个体对同一压力事件可能同时做出挑战性评价和阻碍性评价（Gerich & Weber，2020）。

心理契约是员工对于自身与组织对彼此应尽的责任的信念与期待，是员工衡量自身在组织中的付出和得到的组织回报的标准，对员工在组织中的生存和职业发展至关重要（Baruch & Rousseau，2019）。本研究认为，心理契约破裂会促使员工分析破裂事件中潜在的教育意义，对心理契约破裂形成挑战性的评价。具体而言，根据自我调节理论，个体为了追求重要的目标，会控制自身，不去做不利于目标实现的反应。员工心理契约破裂后，感知到自己对组织的付出没有得到相应的回报，为了获取该回报，员工会做出可能不利于争取回报的反应，也会做出有利于获取该回报的反应。心理契约是员工单方面在与组织互动过程中形成的对于其与组织之间彼此应尽责任的感知，即心理契约是员工单方面对自身与组织应尽责任与义务的感知，心理契约内容并没有得到组织正式的认可（Rousseau，1995）。为了防止自身利益受到进一步损害，追求自身长远利益和未来职业发展，心理契约破裂促使员工尽可能在此次事件中吸取教训，重新审视、明确其与组织之间的心理契约内容，以获得长期的组织回报。因此，心理契约破裂后，员工会有意识地解读信息和做出认知评价，努力从破裂事件中获取积极的意义（Louis，1980；Dulac et al.，2008）。研究表明，员工在对心理契约破裂进行评价之后会做出适应性反应，包括积极的认知重建（Bankins，2015）。也就是说，员工会对心理契约破裂进行重新解读，形成积极的认知和评价。心理契约破裂能够让员工认识到自身与组织之间原有的心理契约不再适应新形势。员工认为，虽然自身对组织的付出没有得到相应的回报，给自身造成一定的损失，但这也是成长过程中不可缺少的历练，“吃一堑，长一智”，因此，员工会将心理契约破裂理解成其职业生涯中的学习和锻炼的机会，从而对心理契约破裂形成挑战性评价。因此，员工会将心理契约破裂事件理解为其与组织之间义务关系的“小插曲”，帮助自身更加明确其与组织之间义务关系的边界，对心理契约破裂形成挑战性评价。

基于以上分析，本研究提出假设 1。

假设 1：心理契约破裂正向影响挑战性评价。

根据压力认知评价理论，挑战性评价能够通过改善“个体—环境”关系帮助个体与环境建立更加匹配的关系（Lazarus & Folkman，1987）。挑战性评价能够促使员工以积极的心态和弹性的态度衡量自身对组织的付出和得到的组织回报之间的关系，从而促进心理契约修复。具体而言，由于心理契约是员工单方面对自身与组织之间的责任关系的感知，具体内容并没有得到组织的正式认可（Rousseau，1995）。因此，挑战性评价促使员工积极寻找问题的根源，使员工意识到自身原本持有的心理契约可能出现问题，这有助于员工明晰自身责任与组织回报的关系，为员工未来获取应得的组织回报提供宝贵的经验。因此，挑战性评价虽然没能解决导致心理契约破裂的事件，但是，能够促使员工将其作为一次成长的经历，为员工平衡未来自身对组织的付出和得到的组织回报之间的关系提供更加清晰的指导，有助于员工与组织重新建立有效的心理契约，防止未来再次发生类似事件。另外，重新评价现实环境中的事件能够降低事件与情绪之间的关联程度（Gross，1998b）。挑战性评价通过重新评价心理契约破裂事件对员工自身的意义，促使员工极力剖析心理契约破裂事件中潜在的教育意义，抑制了心理契约破裂可能带来的负面情绪，从而提高了员工修订心理契约的意愿。同时，员工心理契约破裂后也会修改目标，重新解释心理契约破裂事件（Kiazad et al.，2014）。因此，员工心理契约破裂后会以开放的态度调整和修订心理契约，以适应不断变化的外部环境，使修订后的心理契约更能适应新的形势，促使心理契约修复。因此，挑战性评价能够促使员工用积极的心态和弹性的态度对待其在组织中的付出和得到的组织回报之间的关系，从而促使员工与组织重新建立有效的心理契约，使员工心理契约得到修复。

基于以上分析，本研究提出假设 2。

假设 2：挑战性评价正向影响心理契约修复。

基于假设 1 和假设 2，本研究认为，挑战性评价在心理契约破裂与心理契约修复之间发挥着中介作用。员工在心理契约破裂后重新解读心理契约破裂事件可以避免负向互惠关系，努力修复心理契约（Pate，2006；Parzefall & Coyle-Shapiro，2011）。心理契约破裂后，继续留在组织中的员工一般通过调整对结果的认知重新达到公平（Brockner，1988）。心理契约破裂是员工感知到负面事件发生之后与组织代表就负面事件相互沟通和调整，但没有得到理想结果的认知过程（Wiechers et al.，2022）。在此过程中，员工认识到自身的处事能力还有待进一步提高，对于如何提高自身能力有了更清晰的认识。因此，心理契约破裂促使员工积极认识其在组织中的角色和社会关系（Thomas & Anderson，1998），寻找契约中与自身工作目标和价值一致的信息（Vos et al.，2005）。这对于员工的长期职业发展而言是一种潜在的收获。因此，心理契约破裂能够让员工获得在组织中生存和发展的具体技能，因而使员工对心理契约破裂形成挑战性评价。

压力认知评价理论认为，挑战性评价会激励个体为了达到积极的结果而努力（Lazarus & Folkman，1987）。员工对心理契约破裂形成的挑战性评价能够激励员工针对自己的不足进行有针对性的学习和弥补，扬长补短，以与组织建立更加有效的雇佣关系。同时，认知评价能够有效降低环境中的事件与情绪之间的关联程度（Gross，1998b）。挑战性评价能够有效缓冲心理契约破裂给员工带来的负面情绪。员工通过重新评价，认为破裂事件是职业生涯中能够让自身成长的经历，从而减弱了心理契约破裂事件带来的负面影响和负面情绪。员工虽然没有获得预期的组织回报，但是对破裂事件的解读能够促使自身动态看待组织中的付出和回报的关系，增强个体的适应能力，帮助心理契约修复（Bankins，2015）。因此，员工心理契约破裂后，挑战性评价有利于减少由破裂事件带来的负面情绪，并且促使员工通过意义构建，对自身的责任和组织的责任之间的关系有了更加具体的认识，能够有效避免未来再次发生类似的事件，重新与组织建立有效的雇佣关系，有利于心理契约修复。

基于以上分析，本研究提出假设 3。

假设 3：挑战性评价在心理契约破裂和心理契约修复之间发挥中介作用。

根据压力认知评价理论，个体对事件是做出挑战性评价还是阻碍性评价，取决于个体所处的社会和文化环境以及个体在该事件中所体现的心理特征（Lazarus & Folkman，1987）。个体的信念和思维方式作为个体的认知，是重要的心理特征之一（Lazarus & Folkman，1987）。同时，自我调节是消耗个体认知资源的过程，认知资源对于个体进行有效的自我调节发挥着重要作用（Burgess et al.，2022；Bandura，1997）。员工的注意力选择和知识获取对于维护和帮助目标的达成具有非常重要的作用（Lord et al.，2010）。

员工战略共识是员工对组织战略的理解和认同，是员工在组织中相对稳定的重要的认知资源，能够有效帮助员工对组织做出积极评价和积极行为（赵莉等，2023）。本研究认为，战略共识水平越高的员工，在心理契约破裂后越能够形成挑战性评价。在工作场所中，员工的内在动机促发的行为是依靠员工运用意识、认知和情感资源在多种任务中进行动态调节来实现的，员工的多数行为都是自我管理的，内在管理和个体目标对于员工来说非常重要（Lord et al.，2010）。同时，自我调节过程要求个体具有知识管理能力、注意力管理能力、情绪管理能力和行为过程管理能力（Lord et al.，2010）。员工战略共识水平越高，对组织的认可度越高，越能将组织战略与自身的工作目标相结合（赵莉等，2023），员工与组织的利益更能融为一体，员工在追求利益和目标的过程中更能深化对组织的情感承诺，也越能积极地面对工作中遇到的难题和挑战（赵莉等，2023）。战略共识水平越高的员工对企业战略的理解越充分。因此，心理契约破裂事件发生后，战略共识水平高的员工能够在充分的信息基础上做到理性分析，更能对心理契约破裂形成挑战性评价。同时，战略共识水平越高的员工越能够将注意力放在更加长远的工作目标上，从长远的角度衡量自身的付出与组织回报之间的关系，从而对心理契约破裂形成挑战性评价。因此，员工心理契约破裂后，战略共识水平越高的员工，越有可能将心理契约破裂视为其在组织中遇到的一次挑战，从更加长远的视角，更为积极、乐观地解读心理契约破裂事件，从而对心理契约破裂形成挑战性评价。

基于以上分析，本研究提出假设 4。

假设 4：员工战略共识正向调节心理契约破裂与挑战性评价的关系，当员工战略共识水平越高时，心理契约破裂对挑战性评价的正向影响越强。

虽然评价是有效调节个体负面情绪的方式，但是对事件不现实的评价可能使个体忽视环境中的重要因素，如对工作障碍的评估（Gross，1998b）。如此一来，重新评估可能带来短期的负面情绪的缓解，但也可能由此造成长期的调节失效。员工战略共识作为员工在组织中相对稳定的认知资源，能够帮助员工在心理契约破裂后形成挑战性评价，进而达到心理契约修复的目标。

员工战略共识能够有效促使员工和组织形成合力（黄再胜，2010）。战略共识水平越高的员工在组织中的角色冲突越少，共享心智模式越高（杨付等，2014），心理资源越丰富。战略共识水平越高的员工越能将组织目标和自身工作目标有机结合，工作内在驱动力越强，遇到问题和挑战时，员工越愿意付出更多的努力，积极应对并适应（于海云等，2022）。而且，战略共识水平越高的员工对组织的顶层设计和具体工作制度理解得越透彻，对组织的结构和运营机制也越了解。心理契约破裂后，员工在充分掌握信息的基础上，能够理性、全面地分析心理契约破裂的根源，对心理契约破裂事件所暴露出的问题和潜在的机会做出客观的判断，帮助员工对心理契约破裂形成挑战性评价。这一过程也增加了员工的心理资源，进一步降低了心理契约破裂给员工带来的情绪上和行为上的负面影响的可能，激发了员工积极应对挑战、克服挑战的决心，从而促使员工更加积极地投入工作，证明自身在工作中的价值，获得组织的认可，从而争取长远的组织回报，以此履行心理契约规定的责任和义务，与组织重新建立有效的心理契约，帮助员工心理契约修复（Tomprou et al.，2015）。员工战略共识犹如拉力，能够帮助其在遭遇心理契约破裂后对事件进行积极的认知评价并努力做出正面的调整，将员工拉回组织中，使其与组织保持一致。

基于以上分析，本研究提出假设5。

假设5：员工战略共识正向调节心理契约破裂通过挑战性评价对心理契约修复的影响，即员工战略共识水平越高，心理契约破裂通过挑战性评价对心理契约修复的影响越强。

5.3 基于认知调节的修复机制的问卷调查研究

5.3.1 研究设计与研究样本

心理契约破裂事件是驱动心理契约变化的关键，探索心理契约的变化需要基于具体事件进行观察和分析（Bankins，2015）。本章参照 Solinger 等（2016）的做法，要求调查对象回忆过去一周内发生的主管或代表组织的领导未兑现承诺的事件，并简单描述此事件。因为本次调查要求调查对象报告具体的心理契约破裂事件，即要求调查对象报告其目前就职企业中主管或领导没有兑现承诺的事件。这对仍在该企业就职的调查对象而言，具有一定的风险。为了消除调查对象可能存在的顾虑，使其如实汇报事件并填写问卷，本章通过 Credamo 见数在线平台并在该平台自有样本库中招募企业在职员工展开线上问卷调查。利用 Credamo 见数在线平台为调查对象提供安全感，保障调查对象能够如实报告心理契约破裂事件并完成问卷调查。在该平台收集数据的文章发表于《南开管理评论》（孙瑾和陈晨，2023）、*Organization Science*（Molina et al.，2022）、*Journal of Business Ethics*（Zhou et al.，2022）、*Journal of Marketing*（Liang et al.，2023）等期刊。另外，本章设置“被试信用分高于70分”机制，提高作答质量。根据本章研究内容和 Lord 等（2010）对工作中的自我调节时长的描述，员工心理契约从破裂到修复属于中级的自我调节，可能需要几分钟、几小时甚至几天来完成。员工心理契约破裂之后需要一定的时间进行自我调节。

工作中的事件并非完全独立发生，而是相互联系的，员工的工作目标具有一定的复杂性，这些因素会影响员工的自我调节过程和需要调节的时间（Lord et al., 2010）。因此，本研究参考 Solinger 等（2016）的做法，在调查对象报告心理契约破裂之后，每次间隔一周进行相应的测量。调查分四个时间点收集数据，在 T1 时间点，收集了调查对象的员工战略共识、心理契约和人口统计学信息。一周之后，即 T2 时间点，要求调查对象报告过去一周内发生的心理契约破裂事件。在实际问卷中，对心理契约破裂进行适当的解释以便于调查对象理解其意思并准确报告事件，然后邀请调查对象填写心理契约破裂量表和心理契约量表。一周之后，即 T3 时间点，邀请调查对象填写挑战性评价量表和阻碍性评价量表。一周之后，即 T4 时间点，邀请调查对象填写心理契约量表和工作退缩行为量表。如果调查对象在 T2 时间点报告没有发生心理契约破裂事件，即在一周之后继续询问这部分调查对象，对于报告了心理契约破裂事件的调查对象，则按照上述程序随即开展 T3 时间点和 T4 时间点的调查。对于仍报告没有心理契约破裂事件发生的调查对象，在一周之后继续询问；对于报告了心理契约破裂事件的调查对象，则按照上述程序随即开展 T3 时间点和 T4 时间点的调查。问卷中对心理契约破裂的具体解释内容如下：

"现在，请您回忆一下，回忆在刚刚过去的一周里（即您填完第一期问卷到现在以来）您的工作情况。在这段时间，您在公司有没有遇到以下类似事件：公司或者代表公司的人员（主管或领导）没有遵守承诺。这种承诺可以是明确说出来的（比如，领导承诺给你晋升职位、加薪、改善工作环境、培训技能、休假、调休等，却没有兑现），也可以是没有明确说出来的承诺（比如，您认为上一周您做了某项工作，付出了很多时间或精力，却没有得到公司或者领导相应的认可或回报等）。"

实际调查中，在 T1 时间点发放了第一期包含心理契约、员工战略共识和人口统计学信息的调查问卷 380 份，回收 380 份。一周之后，即 T2 时间点，向这 380 名调查对象发放了第二期调查问卷，要求他们报告心理契约破裂事件并填写心理契约破裂量表和心理契约量表。有 299 名调查对象报告了心理契约破裂事件，并简单描述了事件，填写了心理契约破裂量表和心理契约量表。一周之后，即 T3 时间点，向这 299 名员工发送了第三期问卷，邀请调查对象完成挑战性评价量表和阻碍性评价量表，回收 278 份有效问卷。一周之后，即 T4 时间点，向这 278 名调查对象发放了第四期调查问卷，邀请调查对象填写心理契约量表（即心理契约修复量表）和工作退缩行为量表，回收 261 份有效问卷。对于在 T2 时间点报告没有发生心理契约破裂事件的 81 名调查对象，一周后继续询问过去的一周是否发生了心理契约破裂事件，有 43 名调查对象报告了心理契约破裂事件，根据上述程序，在随后的一周、两周分别展开 T3 时间点和 T4 时间点的调查，回收了 28 份问卷。对剩下的 38 名调查对象，一周后继续询问，有 10 名员工报告了心理契约破裂事件，并随即展开 T3 时间点和 T4 时间点的调查，回收了 9 份问卷。三次询问之后，仍有 28 名调查对象报告没有心理契约破裂事件发生。由于到了研究预定时间，这 28 名调查对象被排除。53 名员工的问卷经过 T3 时间点和 T4 时间点的调查，回收了 37 份有效问卷。最终，本次调查共回收了 298 份有效问卷。问卷的有效回收率为 78.4%。其中，男性占 55.0%，女性占 45.0%。年龄处于 20 ~ 30 岁的调查对象占 45.6%，31 ~ 40 岁的占 47.7%，41 岁以上的占 6.7%。在受教育程度方面，24.8% 的调查对象拥有普高、中专、职本或专科学历，68.1% 的调查对象具有本科学历，7.1% 的调查对象具有硕士及以上学历。在公司性质方面，54.0% 的调查对象来自民营企业，35.2% 的调查对象来自国有企业，其他调查对象来自外资企业或合资企业。这些企业主要分布在物流、金融、信息技术、文化、体育等行业。被排除或流失的问卷与正式样本在人口统计信息上没有差异。

5.3.2 研究工具

心理契约破裂的定义和测量。心理契约破裂是指员工对其对组织的付出没有得到相应回报的感知（Morrison & Robinson，1997）。根据该定义，本研究采用 Tekleab 等（2005）使用的量表，该量表来源于 Robinson 等（1994）的量表，共 3 个题项。为了使量表更符合本研究，本研究将原量表中的“大学”改成“公司”。示例题项如“对我来说，公司没有履行它对我做的承诺”（1= 非常不同意，7= 非常同意）。

挑战性评价的定义和测量。挑战性评价是指个体认为事件对自身的影响在可控范围内或者事件能够对自身带来潜在益处（Lazarus & Folkman，1987）。根据该定义，本研究采用 Drach–Zahavy 和 Erez（2002）使用的量表。为了使量表更符合本研究，原量表中的“这项任务”被改成“这件事”。示例题项如“这件事对我来讲是个挑战”（1= 非常不同意，7= 非常同意）。

员工战略共识的定义和测量。员工战略共识是指员工对组织战略的理解和认同（赵莉等，2023）。根据这一定义，本研究选择 Venkatraman（1989）的量表，为了使量表更符合本研究，原量表中的“经理人和大股东”被改成“公司和我”，“经理人和大股东的个人收益”被改成“公司的收益和我的个人收益”。示例题项如“公司和我共同为实现战略目标而努力”（1= 非常不同意，7= 非常同意）。

心理契约修复的定义和测量。根据 Tomprou 等（2015）对心理契约修复的解释，本研究将心理契约修复定义为心理契约恢复到破裂前的水平。心理契约修复的程度通常是由关系型或平衡型心理契约的水平来体现的（Bankins，2015）。因此，本研究采用 Rousseau（2000）开发的关系型心理契约测量心理契约修复。同时在调查对象报告心理契约破裂事件前、心理契约破裂事件时和心理契约破裂事件后（即 T1、T2 和 T4 时间点）都对关系型心理契约进行了测量。通过对比三个时间点的关系型心理契约水平，辅助测量心理契约破裂和心理契约修复。示例题项如“公司关心我个人的安康”（1= 非常不同意，7= 非常同意）。

阻碍性评价。根据第四章的理论分析，心理契约破裂也会引发员工阻碍性评价。为了提高研究信度，本研究还测量了员工心理契约破裂后的阻碍性评价。阻碍性评价是指个体认为事件对自身带来损失或伤害（Lazarus & Folkman，1987）。根据该定义，本研究采用 Drach–Zahavy 和 Erez（2002）使用的量表。为了使量表更符合本研究，原量表中的“这项任务”被改成“这件事”。示例题项如“这件事对我来说是个威胁”（1= 非常不同意，7= 非常同意）。

工作退缩行为。为了提高研究的可信度，本研究还测量了工作退缩行为。工作退缩行为作为员工反生产工作行为的一种，是指员工以逃避为主要手段，减少工作时间的行为，通常由对工作感到不满而引发（Spector et al.，2006）。

根据该定义，本研究采用 Spector 等（2006）的量表，示例题项如“没有经过同意，我上班迟到”（1= 非常不符合，7= 非常符合）。

控制变量。研究表明，人口统计学信息可能影响员工心理契约破裂后的反应。如，年龄会影响员工心理契约破裂和工作态度之间的关系（Bal et al.，2008），性别会影响员工对组织中的公平和组织履行义务的感知（Lee et al.，2011）。因此，本研究选择年龄、性别、受教育程度以及员工所处企业的性质作为控制变量。

本研究中所使用的量表如表 5.1 所示。

表 5.1　基于认知调节的修复机制的问卷调查中使用的量表

变量	题项描述	来源
心理契约破裂	对我来说，公司没有履行它对我做的承诺	Tekleab 等（2005）
	对我来说，公司很好地履行了它对我做的承诺（反向计分）	
	对我来说，公司履行了它对我做的重要的承诺（反向计分）	
挑战性评价	这件事对我来讲是个挑战	Drach–Zahavy 和 Erez（2002）
	这件事给了我一个运用我推理能力的机会	
	这件事给了我一个克服困难的机会	
	这件事给了我一个增强自尊的机会	
	总的来说，我认为我能够成功处理这件事	
	我觉得，我有足够的能力来处理这件事	
员工战略共识	制定战略决策时，公司和我会共同分析，尽可能进行充分的论证	Venkatraman（1989）
	公司和我会正式地跟踪有意义的行业经营的一般趋势	
	公司和我共同参与战略的制定过程	
	公司和我共同参与战略的实施过程	
	公司和我共同为实现战略目标而努力	
	战略执行结果与公司的收益和我的个人收益关系密切	
心理契约修复	公司关心我个人的安康	Rousseau（2000）
	公司会为了员工的利益牺牲公司暂时的利益	
	公司会对员工关心的事和员工的健康做出回应	
	公司在做决策时会考虑我的利益	
	公司关心我长久的幸福和健康	

续表

变量	题项描述	来源
阻碍性评价	这件事对我来说是个威胁	Drach-Zahavy 和 Erez（2002）
	我担心这件事可能暴露我的弱点	
	这件事让我觉得累	
	我担心这件事可能让我的自尊受到伤害	
	总的来说，我感觉我无法处理这件事	
	我担心我没有能力处理好这件事	
工作退缩行为	没有经过同意，我上班迟到	Spector 等（2006）
	我请病假，待在家不上班，其实我没有生病	
	上班时，我休息的时间超出规定的休息时间	
	我上班早退	

5.3.3 统计方法与分析思路

本章利用 SPSS 22.0 软件和 Mplus 7.0 软件进行统计分析。首先，通过 Mplus 7.0 软件进行验证性因子分析，通过 SPSS 22.0 软件和 Mplus 7.0 软件进行共同方法偏差检验；然后，通过 SPSS 22.0 软件对变量进行描述性统计、相关性分析和信度分析；最后，通过 SPSS 22.0 软件以及 PROCESS 4.1 进行回归分析，并对被调节的中介效应进行检验。

5.3.4 研究结果

（1）验证性因子分析

在进行假设检验之前，对研究中的变量进行了验证性因子分析。根据 Hair 等（2010）的标准，四因子模型修正后拟合度较好，优于其他三个模型，说明变量间具有良好的区分效度。本章验证性因子分析结果如表 5.2 所示。

表 5.2 验证性因子分析结果（N=298）

模型	χ^2	df	χ^2/df	RMSEA	SRMR	CFI	TLI
四因子模型	258.160	161	1.603	0.064	0.076	0.929	0.916
三因子模型	437.290	167	2.619	0.104	0.098	0.803	0.775

续表

模型	χ^2	df	χ^2/df	RMSEA	SRMR	CFI	TLI
二因子模型	700.380	169	4.144	0.145	0.147	0.612	0.564
单因子模型	902.626	170	5.310	0.170	0.152	0.465	0.402

注：四因子模型，即心理契约破裂、挑战性评价、员工战略共识和心理契约修复；三因子模型，即心理契约破裂＋挑战性评价，员工战略共识和心理契约修复；二因子模型，即心理契约破裂＋挑战性评价，员工战略共识＋心理契约修复；单因子模型，即心理契约破裂＋挑战性评价＋员工战略共识＋心理契约修复。

（2）共同方法偏差检验

本研究选择在四个时间点收集数据以降低共同方法偏差的影响，采用两种方式检验共同方法偏差。第一种方式是采用 SPSS 22.0 软件，通过 Harman 单因子检验法进行检验。主成分因子分析结果表明，特征值大于 1 的主成分有四个，并且第一个因子所解释的变异量为 27.724%，小于 40%，初步说明不存在严重的共同方法偏差。第二种方法是利用 Mplus 7.0 软件在原有模型的基础上加入一个共同方法因子，结果表明，新的模型无法拟合。因此，本研究不存在严重的共同方法偏差。

（3）描述性统计、相关系数及信度

本研究的描述性统计、相关系数及信度结果如表 5.3 所示。心理契约破裂与挑战性评价显著正相关（$r=0.162$，$p<0.01$），挑战性评价与心理契约修复显著正相关（$r=0.158$，$p<0.01$）。心理契约破裂与心理契约修复之间不存在显著正相关（$r=0.056$，$p>0.05$）。Hayes 和 Rockwood（2017）认为，分析中介效应时，自变量与因变量之间可以不存在相关关系。心理契约破裂 Cronbach's α 值为 0.821，挑战性评价 Cronbach's α 值为 0.817，员工战略共识 Cronbach's α 值为 0.862，心理契约修复 Cronbach's α 值为 0.730。

（4）假设检验

本研究基于具体事件探讨员工心理契约破裂后的修复过程，邀请调查对象报告心理契约破裂事件并展开调查。本研究邀请调查对象在报告心理契约破裂事件之前（即 T1 时间点）、报告心理契约破裂事件时（即 T2 时间点）和心理契约破裂事件之后（即 T4 时间点）三个时间点都填写心理契约量表，得

表 5.3 描述性统计及相关系数结果（N=298）

变量	均值	标准差	1	2	3	4	5	6	7	8
1 性别	0.450	0.498	1							
2 年龄	1.710	0.684	−0.107*	1						
3 教育程度	1.820	0.537	−0.141*	−0.102	1					
4 企业性质	1.570	0.680	−0.070	0.103	−0.084	1				
5 心理契约破裂	5.122	1.083	0.002	−0.053	−0.096	−0.012	（0.821）			
6 挑战性评价	5.535	0.833	−0.006	0.014	−0.115*	0.040	0.162**	（0.817）		
7 员工战略共识	5.551	0.805	−0.045	0.099	−0.130*	0.079	0.244**	0.519**	（0.862）	
8 心理契约修复	5.560	0.713	0.028	−0.064	−0.065	0.046	0.056	0.158**	0.147*	（0.730）

注：* 表示 $p < 0.05$、** 表示 $p < 0.01$。对角线上括号内为相应变量的 Cronbach's α 值。

到调查对象在心理契约破裂之前、当时和之后的心理契约状态。配对样本T-检验结果表明，T1时间点心理契约水平显著高于T2时间点心理契约水平（M_{T1-T2}=1.313，标准误为1.288，p<0.001）。T2时间点心理契约水平显著低于T4时间点心理契约水平（M_{T2-T4}=-1.422，标准误为1.393，p<0.001），T1时间点心理契约水平与T4时间点心理契约水平没有显著差异（M_{T1-T4}=-0.109，标准误为0.971，p>0.05）。该结果表明，调查对象刚刚经历心理契约破裂时，其心理契约水平显著降低，但是两周之后，心理契约水平能够恢复到心理契约破裂前的水平，这说明员工心理契约破裂能够得到修复。

利用SPSS 22.0软件，采用层级回归分析对假设进行检验。将挑战性评价作为因变量，在放入控制变量（性别、年龄、教育程度和企业性质）之后，加入心理契约破裂作为自变量，如表5.4模型2所示，心理契约破裂与挑战性评价具有显著的正相关关系（B=0.117，p<0.01），假设1得到有效支持。将员工战略共识加入自变量范畴后，如表5.4模型3所示，员工战略共识与挑战性评价具有显著的正相关关系（B=0.526，p<0.001）。将心理契约破裂与员工战略共识的交互项加入自变量范畴，如表5.4模型4所示，心理契约破裂与员工战略共识的交互项与挑战性评价具有显著的正相关关系（B=0.183，p<0.001）。员工战略共识的调节效应如图5.2所示。假设4得到有效支持。将心理契约修复作为因变量，在放入控制变量（性别、年龄、教育程度和企业性质）之后，心理契约破裂作为自变量，如表5.4模型6所示，心理契约破裂与心理契约修复之间不存在显著相关关系（B=0.031，p>0.05）。挑战性评价作为自变量之后，如表5.4模型7所示，挑战性评价与心理契约修复之间存在显著正相关关系（B=0.126，p<0.05），假设2得到有效支持。采用Bootstrap法，运用PROCESS 4.1选择模型4进行中介效应分析。结果表明，心理契约破裂对心理契约修复的直接效应不显著（效应值为0.031，p>0.05），但这并不影响对中介效应的分析（Hayes & Rockwood，2017）。挑战性评价在心理契约破裂和心理契约修复之间的中介效应显著（效应值为0.015），95%的置信区间为[0.001，0.038]，不包含0，假设3得到有效支持。

表 5.4 回归分析结果（一）（N=298）

变量名称	挑战性评价				心理契约修复		
	模型 1	模型 2	模型 3	模型 4	模型 5	模型 6	模型 7
常量	5.815***	5.747***	5.732***	5.627***	5.769***	5.752***	5.027***
性别	–0.034	–0.029	0.010	–0.021	0.020	0.021	0.025
年龄	–0.007	0.005	–0.049	–0.055	–0.080	–0.076	–0.077
教育程度	–0.191*	–0.166	–0.078	–0.034	–0.100	–0.094	–0.073
企业性质	0.061	0.060	0.011	0.015	0.064	0.064	0.056
心理契约破裂		0.117**	0.023	0.060		0.031	0.016
挑战性评价							0.126*
员工战略共识			0.526***	0.643***			
心理契约破裂 × 员工战略共识				0.183***			
ΔR^2	0.016	0.023**	0.235***	0.054***	0.013	0.002	0.021*

注：* 表示 p<0.05，** 表示 p < 0.01，*** 表示 p < 0.001。

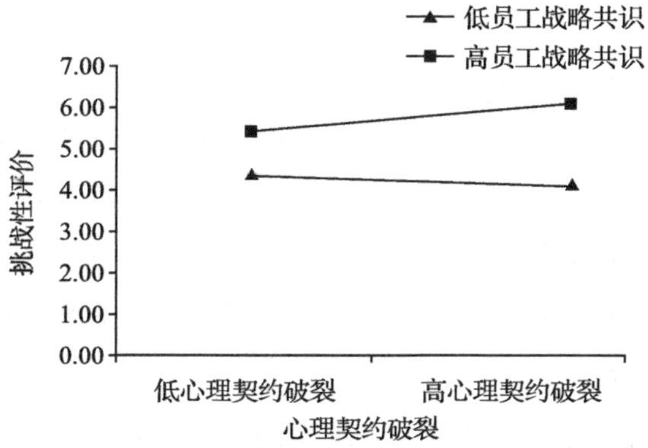

图 5.2 员工战略共识的简单调节效应图（N=298）

运用 PROCESS4.1，选择模型 7 检验被调节的中介效应。在员工战略共识水平高与低的情况下，心理契约破裂与心理契约修复之间的间接效应的置信区间以及间接效应差异的置信区间结果如表 5.5 所示。当员工战略共识水平高时，心理契约破裂通过挑战性评价影响心理契约修复的间接效应为 0.027，标准误为 0.013，95% 的置信区间为［0.004，0.056］，不包含 0；当员工战略共识水平低时，心理契约破裂通过挑战性评价影响心理契约修复的间接效应为 –0.011，标准误为 0.009，95% 的置信区间为［–0.029，0.007］，包含 0。在心理契约破裂通过挑战性评价影响心理契约修复的路径下，员工战略共识在高与低两个水平下的间接效应差值为 0.037，标准误为 0.018，95% 的置信区间为［0.003，0.073］，不包含 0。被调节的中介效应 Index 系数为 0.023，标准误为 0.011，95% 的置信区间为［0.029，0.046］，不包含 0。假设 5 得到有效支持。

表 5.5　被调节的中介效应分析结果（N=298）

建言效能感	间接效应	标准误	95% 置信区间	
			LLCI	ULCI
心理契约破裂 ——→ 挑战性评价 ——→ 心理契约修复				
高员工战略共识	0.027	0.013	0.004	0.056
低员工战略共识	–0.011	0.009	–0.029	0.007
高与低条件下的间接效应差异	0.037	0.018	0.003	0.073

5.3.5　研究讨论

本研究分析了员工心理契约破裂后通过“认知调节”修复心理契约的路径以及该修复路径的边界条件。研究结果表明，员工心理契约破裂与挑战性评价正向相关，挑战性评价与心理契约修复正向相关，挑战性评价在心理契约破裂与心理契约修复之间发挥中介作用。员工战略共识不仅正向调节心理契约破裂与挑战性评价之间的关系，而且正向调节心理契约破裂通过挑战性评价影响心理契约修复的间接效应。

挑战性评价在心理契约破裂与心理契约修复之间发挥中介作用。这说明员工在心理契约破裂之后会主动对导致心理契约破裂的事件进行解读，并努力从中获取有价值的信息，帮助自身适应组织环境。这与 Bankins（2015）认为员工在驱动心理契约变化的过程中承担着积极主动角色的观点一致。Bankins（2015）认为，虽然员工在心理契约破裂后会暂时出现减少对组织的付出等负面行为，但是经过重新评价之后，员工会采取更加理性的反应来积极应对心理契约破裂，并主动修复心理契约。Gross（1998b）认为，个体会重新评价现实环境中发生的事件，积极的重新评价与积极的适应性结果较为相关（Lazarus & Folkman，1987）。挑战性评价促使员工从积极的角度重新评估其与组织之间的责任与义务关系，从而带来积极的心理契约修复结果。因此，本研究认为，员工心理契约破裂后产生挑战性评价有助于心理契约的修复。

员工战略共识正向调节心理契约破裂与挑战性评价之间的关系，并且正向调节心理契约破裂后通过挑战性评价影响心理契约修复的间接效应。战略共识属于员工在组织中的认知资源，是员工对组织战略和长远发展目标、实施计划等的认知和理解（黄再胜，2011）。员工战略共识水平越高，越能够将自身的工作目标和职业发展与组织的战略目标紧密联系起来，从更加长远的视角分析心理契约破裂给自身带来的利益或损失，因而更能促使员工将心理契约破裂视为其与组织之间的“小事件”，并积极从中吸取教训，明晰组织与自身的责任关系，从而与组织建立更加匹配的雇佣关系。员工战略共识能够帮助员工在心理契约破裂后采取积极的应对策略，并进行有效的自我调节，从而达到心理契约修复的调节目标。这与Naus等（2007）的观点一致。如果组织和员工的目标一致，那么，从长远来看，组织和员工的长期工作效果和福利都可以得到保障，员工更有可能对组织和工作报以积极的态度（Naus et al.，2007）。因此，认知资源越丰富的员工，越能从长远的视角出发，积极对待心理契约破裂事件，理性分析心理契约破裂对自身的影响，并从中学习在组织中的生存和发展技能，从而与组织建立更加匹配的雇佣关系，帮助心理契约修复。

5.4　补充研究

本章认为心理契约破裂能够促使员工产生挑战性评价，进而帮助心理契约修复。以社会认知理论为基础的自我调节理论强调个体认知对个体目标追求的影响（Bandura，1991），认为个体对目标的追求会激发个体的自我调节系统，促使个体控制自身对环境做出原始反应，从而选择有利于目标达成的反应（Vohs et al.，2008）。因此，心理契约破裂后，员工的自我调节功能能够促使其抑制自身对心理契约破裂做出不利于心理契约修复的反应，并形成有助于心理契约修复的反应，即挑战性评价。然而，根据压力认知评价理论，挑战和威胁在某种程度上是同时存在或混合在一起的（Lazarus & Folkman，1987），员工也有可能对心理契约破裂产生消极的阻碍性评价。心理契约破裂是员工对组织未能履行或未能充分履行责任的感知，会使员工认为自身利益受损，对其在组织中的角色认同产生怀疑，自尊受到了伤害（Parzefall & Coyle-Shapiro，2011），并且妨碍了其在组织中的生存和发展，因而员工可能对心理契约破裂形成阻碍性评价，并由此关注心理契约破裂带来的消极影响，降低员工继续履行责任的意愿，从而阻碍心理契约修复。为了验证心理契约破裂与阻碍性评价、阻碍性评价与心理契约修复、阻碍性评价与员工负面行为之间的关系，本章在问卷调查时还测量了员工的阻碍性评价和工作退缩行为。

将阻碍性评价作为因变量，在放入控制变量（性别、年龄、教育程度和企业性质）之后，加入自变量心理契约破裂，如表 5.6 模型 2 所示，心理契约破裂与阻碍性评价有显著的正相关关系（$B=0.291$，$p<0.001$）。将员工战略共识加入自变量范畴，如表 5.6 模型 3 所示，员工战略共识与阻碍性评价之间不存在显著相关（$B=0.038$，$p>0.05$）。将心理契约破裂与员工战略共识的交互项加入自变量范畴，如表 5.6 模型 4 所示，心理契约破裂与员工战略共识的交互项与阻碍性评价之间不存在显著相关关系（$B=-0.039$，$p>0.05$）。将心理契约修复作为因变量，在放入控制变量（性别、年龄、教育程度和企业性质）之后，加入自变量心理契约破裂，如表 5.6 模型 6 所示，心理契约破裂与心理契约修复之间不存在显著关系（$B=0.031$，$p>0.05$），加入自变量阻碍性评价后，阻碍性评价与心理契约修复之间也不存在显著相关关系（$B=0.023$，$p>0.05$）。

采用 Bootstrap 法，运用 PROCESS 4.1 选择模型 4 分析阻碍性评价在心理契约破裂与心理契约修复之间的中介效应。结果表明，心理契约破裂对心理契约修复的直接效应不显著（效应值为 0.024，$p>0.05$）。阻碍性评价在心理契约破裂和心理契约修复之间的中介效应不显著（效应值为 0.007），95% 的置信区间为［-0.029，0.045］，包含 0。

运用 PROCESS 4.1，选择模型 7 检验被调节的中介效应。当员工战略共识水平高时，心理契约破裂通过阻碍性评价影响心理契约修复的间接效应为

0.06，标准误为 0.017，95% 的置信区间为［-0.025，0.042］，包含 0；当员工战略共识水平低时，心理契约破裂通过阻碍性评价影响心理契约修复的间接效应为 0.007，标准误为 0.020，95% 的置信区间为［-0.030，0.050］，包含 0。在心理契约破裂通过阻碍性评价影响心理契约修复的路径下，员工战略共识在高与低两个水平的间接效应差值为 -0.002，标准误为 0.008，95% 的置信区间为［-0.021，0.015］，包含 0。被调节的中介效应 Index 系数为 -0.001，标准误为 0.005，95% 的置信区间为［-0.013，0.009］，包含 0。

表 5.6 回归分析结果（N=298）

变量名称	阻碍性评价				心理契约修复		
	模型 1	模型 2	模型 3	模型 4	模型 5	模型 6	模型 7
常量	5.811**	5.642***	5.641***	5.663***	5.769***	5.752***	5.622***
性别	-0.078	-0.066	-0.063	-0.056	0.020	0.021	0.023
年龄	-0.055	-0.025	-0.029	-0.027	-0.080	-0.076	-0.076
教育程度	-0.287*	-0.225	-0.219	-0.228	-0.100	-0.094	-0.089
企业性质	0.030	0.029	0.026	0.025	0.064	0.064	0.063
心理契约破裂		0.291***	0.284***	0.277***		0.031	0.024
阻碍性评价							0.023
员工战略共识			0.038	0.013			
心理契约破裂 × 员工战略共识				-0.039			
ΔR^2	0.030	0.125***	0.001	0.002	0.013	0.002	0.001

注：* 表示 $p < 0.05$，** 表示 $p < 0.01$，*** 表示 $p < 0.001$。

另外，本研究运用 PROCESS 4.1，选择模型 4，将挑战性评价和阻碍性评价同时作为中介变量进行分析。结果表明，挑战性评价的中介效应仍然显著，效应值为 0.015，标准误为 0.010，95% 的置信区间为［0.001，0.038］，不包含 0。阻碍性评价的中介效应不显著，效应值为 0.003，标准误为 0.020，95% 置信区间为［-0.033，0.043］，包含 0。本研究在 T4 时间点测量了员工的负面工作行为，即工作退缩行为，运用 SPSS 22.0 软件，结果显示，挑战性评价与工作退缩行为之间不存在显著的相关关系（B=0.027，标准误为 0.040，

$p>0.05$），阻碍性评价与工作退缩行为之间也不存在显著的相关关系（$B=0.017$，标准误为 0.040，$p>0.05$）。

本研究发现，员工会对心理契约破裂产生消极的阻碍性评价。这说明，心理契约破裂使员工利益受到了损失，员工的自尊受到了伤害，阻碍了员工实现工作目标，对员工的职业发展造成了不利影响。而且，心理契约是员工衡量其与组织之间的责任关系的重要标准，心理契约破裂阻断了员工与组织之间的交换关系，员工利益得不到应有的保障，阻碍了员工工作目标的实现和未来职业的发展，在自身在组织中的职业生涯发展等方面造成了不利影响。也就是说，心理契约破裂使员工与组织之间的交换关系被迫中断，迫使员工放弃重要的组织回报，员工对于其与组织的责任关系感到模糊，这不利于自身在组织中的生存和发展。员工将心理契约破裂视为对自身利益和职业生涯发展的一种威胁，认为“一步输，步步输”，从而对心理契约破裂产生阻碍性评价。

然而，阻碍性评价与心理契约修复之间并不存在显著的负相关关系。这说明，员工产生阻碍性评价对心理契约修复不产生影响，也就是说，阻碍性评价没有阻碍员工心理契约修复。阻碍性评价与负面行为（工作退缩行为）之间也不存在显著的负相关关系，即员工对心理契约破裂做出负面的认知评价，但不一定做出负面行为。现有研究大多认为，阻碍性评价与负面行为更为相关。研究表明，阻碍性评价会使员工关注压力中的不利因素，从而产生负面结果，如自我调节损耗，进而产生不文明行为（Mitchell et al.，2019）。并且，阻碍性压力使员工感到紧张、减弱工作动机，从而对绩效产生负面影响（LePine et al.，2005）。阻碍性评价引发员工对工作的不满，并将这种不满情绪转化为具体的负面行为，如知识隐藏（梁荣成和王必好，2022）。根据自我调节理论，个体对目标的追求会激发个体的自我调节系统，促使个体控制自身对环境做出原始反应，从而选择有利于目标达成的反应（Vohs et al.，2008）。员工心理契约破裂后，虽然产生了负面认知评价，认识到心理契约破裂对自身的不利影响，却能通过自身的控制能力，抑制自身做出危害组织的实际行为。从这一角度来说，心理契约破裂后，员工的自我调节能力能够抑制员工做出不利于组织和其与组织的雇佣关系的负面行为。挑战性评价是员工对心理契约破裂的积极评价，能够使员工做出积极的认知反应，使员工与组织达成新的、有效的心理契约，达到心理契约修复的目标。换句话说，挑战性评价是员工自身为了修复心理契约而做出的积极努力。

5.5 本章小结

压力认知评价理论认为，当个体关注压力所带来的潜在伤害或困难时，会将压力视为威胁，形成阻碍性评价；个体关注压力所带来的潜在机会和成长时，会将压力视为挑战，形成挑战性评价（Mitchell et al.，2019）。本研究基于自我调节理论和压力认知评价理论，结合四个阶段的问卷调查，认为员工心理契约破裂后会形成挑战性评价，进而促进心理契约修复，挑战性评价在心理契约破裂和心理契约修复之间发挥中介作用。员工战略共识不仅正向调节心理契约破裂与挑战性评价之间的关系，而且正向调节心理契约破裂通过挑战性评价影响心理契约修复的间接效应。虽然调查研究显示，员工心理契约破裂后会产生阻碍性评价，但是阻碍性评价与心理契约修复之间不存在显著的负相关关系，这排除了阻碍性评价在心理契约破裂与心理契约修复之间发挥中介作用的可能。

值得注意的是，心理契约破裂会引发员工的阻碍性评价，但是阻碍性评价与心理契约修复之间并不存在负相关关系，即员工对心理契约破裂做出负面的认知评价，却不一定阻碍员工心理契约的修复。认知调节这一路径似乎无法解释心理契约破裂对员工产生负面影响之后员工的心理契约修复机制。自我调节理论认为，个体一般通过认知调节和行为调节来进行自我调节。因此，本研究认为，可以从行为调节这一视角继续探讨心理契约破裂之后的修复机制。根据自我调节理论，个体的行为受到情绪调节的影响。心理契约破裂给员工带来负面情绪（Tomprou et al.，2015）。重新评估其实是从非情绪的角度来解释现实事件可能给个体带来情绪的过程（Gross，1998b）。重新评价能够降低由情绪带来的行为上和主观上的结果，积极的重新评价通常能够带来更为积极的结果，是抑制情绪相对有效的方式（Gross，1998b；Lazarus & Folkman，1987）。挑战性评价可以视为员工对心理契约破裂的积极的理性评价，因此，本研究的“认知调节”路径可以被认为是从非情绪角度分析心理契约破裂的修复过程。然而，心理契约破裂会引发员工的负面情绪（Tomprou et al.，2015），忽视心理契约破裂后员工的情绪变化不利于全面揭示心理契约破裂后的修复过程。因此，第六章将从“情绪—行为”视角阐释员工心理契约破裂后的修复过程。

6 心理契约破裂后基于“情绪—行为”调节的修复机制研究

6.1 引言

第五章从“认知调节”路径分析了员工心理契约破裂后的修复机制，认为心理契约破裂会同时引发员工挑战性评价和阻碍性评价，并解释了挑战性评价在心理契约破裂与心理契约修复之间发挥的中介作用以及员工战略共识的调节作用。然而，第五章的研究没能解释员工对心理契约破裂形成阻碍性评价之后对心理契约修复的影响，并且，阻碍性评价与员工负面工作行为（工作退缩行为）之间不存在显著的负相关关系，这说明，员工对心理契约破裂形成阻碍性评价之后，并不会做出对组织不利的负面行为。这与 Bankins（2015）的研究结果一致。Bankins（2015）认为，员工心理契约破裂后会产生不同程度的负面情绪，但是负面情绪没有促使员工采取适应性（maladaptive）的应对策略，相反，员工会不断地尝试新的应对策略，努力修复心理契约。因此，本研究认为，员工对心理契约破裂产生阻碍性评价之后，即员工对心理契约产生负面评价之后，可能通过其他途径影响心理契约的状态。

挑战性评价作为重新评估现实事件的调节策略，是从非情绪的角度来解释可能给个体带来情绪的事件的过程（Gross，1998b）。认知调节策略降低了个体产生情绪反应倾向的可能性，即降低个体出现主观上、生理上或者情绪表达等反应的可能（Gross，1998b）。然而，大多数的研究表明，心理契约破裂会引发员工的负面情绪。第五章从认知角度无法解释员工对心理契约破裂产生阻碍性评价之后对心理契约修复的影响，本章则从情绪角度解释员工在心理契约破裂产生负面情绪之后对心理契约修复的影响。自我调节理论认为，当个体感知到现实与参照标准之间存在差异时，会通过改变自身行为的方式进行调节，并且行为的调节受到情绪的影响。行为的自我调节包括冲动行为和理性行为这两种不同但又相互关联的调节系统，冲动行为是对情境自然、原始的反应，理性行为是对情境缓慢却灵活的反应，具有战略性意义（Lord et al.，2010）。自我调节的本质在于个体具有自我控制能力，能够通过对情境的评价，在与情境互动的过程中形成具有适应性的机制，并采用一种有利于目标达成的反应方式取代自然的、原始的反应方式。情绪的自我调节（emotional self-regulation）是个体采取理性行为、避免冲动行为、趋利避害的关键（Vohs et al.，2008）。因此，本章以自我调节理论为基本逻辑，运用情绪认知评价理论解释心理契约破裂后员工通过“情绪—行为”调节达到心理契约修复目标的影响机制。

自我调节理论主要关注目标选择、目标追求和反馈回路三个环节，强调个体认知对所追求目标的影响（Carver & Scheier，1998；Bandura，1991）。当个体感知到现实与参照标准之间存在差异时，会触发自我调节系统以缩小或消除差异（Carver & Scheier，1998）。为了达到该目标，个体在与环境的互动过程中形成具有适应性的机制。情绪认知评价理论认为，当个体认为现实与参照标准之间存在差异时，会产生积极或消极的情绪（Johnson et al.，2012）。个体通过情绪调节，评价和分析环境，产生具有针对性和社交功能的具体情绪，进而促使个体做出有利于目标达成的反应行为（Gross，1998a；Smith & Lazarus，1990）。因此，情绪调节是个体在感知差异后形成适应性机制的关键（Gross，1998a；Smith & Lazarus，1990）。心理契约破裂是员工对组织未能按照既定的心理契约参照标准履行其责任的感知（Kraak et al.，2019）。这种对现实与参照标准之间的负向差异的感知会促使员工评价和分析导致心理契约破裂的事件，尤其是对破裂事件进行归因分析之后，员工会认为组织和自身双方都负有一定的责任，从而形成对组织感到失望和对自身感到懊悔的负面情绪。在这种具有指向性的负面情绪驱动下，员工希望对破裂事件负有责任的组织和自身都做出改变，即做出同时考虑组织利益和员工利益的积极的众利式建言行为。众利式建言行为是员工基于“和平相处”的意愿向组织提出意见或建议的积极行为

（Hagedoorn et al.，1999）。员工心理契约破裂后采用众利式建言这一应对策略，通常能够带来积极的调节结果，即心理契约修复。并且，个体对于环境的评价和分析需要消耗认知资源，因此，认知资源在个体进行有效的情绪调节、做出有利于目标达成的积极的适应性行为的过程中发挥着重要作用（Burgess et al.，2022）。员工战略共识作为员工对组织战略的理解和认同，是员工在组织相对稳定的认知资源中，进行有效的情绪调节、做出有利于目标达成的积极的适应性应对策略的过程中发挥着重要作用（黄再胜，2011；Burgess et al.，2022）。因此，本章构建了一个有调节的链式中介模型，探讨失望和懊悔情绪以及众利式建言在心理契约破裂与心理契约修复之间的链式中介作用，以及员工战略共识的调节作用。

本章的理论模型如图 6.1 所示。

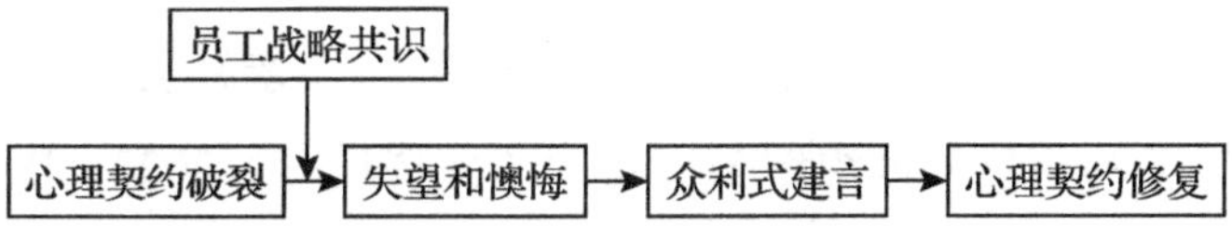

图 6.1　心理契约破裂后基于“情绪—行为”调节的修复机制的理论模型

为了验证心理契约破裂后基于“情绪—行为”调节修复机制的理论模型，本研究开展了第二次多阶段的问卷调查和两项实验研究。本次多阶段问卷调查的程序与第五章的多阶段问卷调查的程序大致相同，不同的是，本章的理论模型涉及链式中介，因此，本次采取五个阶段的问卷调查。具体做法如下。以企业员工为调查对象，在 T1 时间点发放第一期包含了心理契约、员工战略共识和人口统计学信息的调查问卷 310 份。一周之后，即 T2 时间点，发放第二期调查问卷，要求调查对象报告心理契约破裂事件并填写心理契约破裂量表和心理契约量表。一周之后，即 T3 时间点，向在 T2 时间点报告了心理契约破裂事件并完成相应测量量表的调查对象发放第三期问卷，邀请调查对象填写失望和懊悔量表。一周之后，即 T4 时间点，发放第四期调查问卷，邀请调查对象填写众利式建言量表。一周之后，即 T5 时间点，发放第五次调查问卷，邀请调查对象填写心理契约量表（即心理契约修复量表）。对于在 T2 时间点没有报告心理契约破裂事件的调查对象，分别在一周和两周之后继续询问。如果调查对象报告了心理契约破裂事件，随即按照上述程序开展 T3 时间点、T4 时间点和 T5 时间点的调查。经过三次询问以及后续的相应调查，本次问卷调查回收了 219 份有效问卷。利用 SPSS 22.0 及 Mplus 7.0 软件对数据进行分析。为了解释理论模型中变量之间的因果关系，本研究开展了两项实验以提高研究的内部效度。实验一以大学生为被试，测量心理契约破裂对建言行为的影响。实验二旨在研究解决问题的众利式建言行为是否具有缓解情绪的功能。本研究指出，员工在心理契约破裂后采取的众利式建言行为能够帮助自身解决心理契约破裂事件，调节负面情绪。然而，众利式建言作为解决问题的应对策略，其是否具有调节情绪的功能尚不明确。因此，本研究采用能够解释变量之间因果关系的实验法，检验众利式建言对调节情绪的影响。

本章在以下方面对现有文献进行了梳理。首先，将员工建言的动机从关心组织的发展转移到关心自身的利益，探讨建言对组织和员工自身的积极意义。当前研究主要认为员工建言是出于对组织的关心和亲社会（陈思等，2016），提出建言是员工的角色外或组织公民行为（罗瑾琏等，2022；Dyne & LePine，1998），并认为建言会给员工带来一定的风险（欧阳晨慧等，2022）。本章从建言的发起者和实施者（即员工）的角度出发，认为建言是员工自身利益受到损害时做出的具有积极意义的适应性行为，从而深化了员工建言的内涵。其次，本章基于自我调节理论和情绪认知评价理论，认为员工心理契约破裂后，情绪调节能够做出有利于组织的积极建言行为，这与当前普遍认为的心理契约破裂会引发员工消极行为（如破坏性建言）形成对照（代同亮等，2022；张璇等，2017），扩展了心理契约破裂对员工的影响研究。再次，本章发现，在工作场所中，员工通过情绪认知评价，在追求自身利益的动机驱动下，其不满情绪（具体表现为对组织的失望和对自己的懊悔）会促成自身做出有利于组织和自身的积极建言行为。也就是说，消极情绪会引发积极行为，这给当前认为消极情绪与消极行为更相关的研究带来一定的启示，丰富了对自我调节理论中情绪和行为之间关系的研究。最后，本章探讨员工战略共识对员工情绪调节的影响，扩展了员工战略共识的影响研究。本章分析了心理契约破裂后，员工战略共识对员工负面情绪的强度、类型的影响，进而分析员工战略共识对心理契约动态变化的影响。本章在第五章员工战略共识对员工认知的影响的基础上，研究员工战略共识对员工情绪以及员工与组织之间的雇佣关系的影响，进一步扩充了对员工战略共识对员工以及员工与组织之间的雇佣关系影响的研究。

6.2 假设的提出

自我调节理论认为，当个体评价现实与参照标准之间存在差异时，会产生积极或消极的情绪（Johnson et al.，2012）。情绪是个体在对其与外部环境的利害关系进行评价时产生的精神生物学反应，情绪调节包括情绪产生之前的聚焦前因的情绪调节和情绪产生之后的聚焦反应的情绪调节（Gross，1998a）。根据情绪认知评价理论，情绪的产生包括初级评价和次级评价两个阶段（Smith & Lazarus，1990）。初级评价通过对现实发生的事件与个体目标是否有关系、对目标的实现产生何种影响以及对个体自尊、道德价值观等产生的影响等方面进行评价，产生相对自然的、原始的情感；次级评价通过对问责（是否有人应该对该事件负责）、应对策略（包括关注问题和关注情绪的应对策略）以及未来预期（对未来形势的判断）的评价，产生更微妙的情绪，并在社会互动中发挥作用（Smith & Lazarus，1990；Burgess et al.，2022；Beal et al.，2005）。个体产生情绪之后会形成反应倾向，并就反应倾向对现实的影响进行认知评价，这一认知评价过程削弱了个体对现实事件做出原始的、先天的、本能的反应的可能性，从而使个体的实际反应更具弹性和策略性（Gross，1998a；Smith & Lazarus，1990）。

心理契约破裂是员工遭遇到的扰乱其与组织交换关系的负面事件，是员工感知到其对组织的付出与应得到的组织回报之间存在负向差异的认知，并对该组织员工的身份认同产生威胁（Parzefall & Coyle-Shapiro，2011），使员工自尊受到伤害。因而，根据情绪调节的初级评价，心理契约破裂会使员工产生不满的情绪。情绪调节的次级评价中的问责进一步解释了产生的负面情绪的具体程度和类型。问责是指员工对心理契约破裂进行归因分析。归因包括对他人责任的认识的人际归因（interpersonal attributions）和对自己责任的认识的自我归因（intrapersonal attributions）（Graham，2020）。心理契约破裂后，员工认为组织没有履行其应该履行的责任，这种人际归因会使员工对组织产生失望情绪。同时，由于心理契约是员工单方面对其与组织之间的责任的感知，并没有得到组织的正式认可，因此，心理契约破裂后，员工也可能思考自己对心理契约的理解是否有偏差，自己或许也对心理契约破裂负有一定的责任，这种自我归因的过程会使员工产生懊悔的情绪。失望和懊悔是个体在情绪调节的次级评价过程中产生的两种不同但能够同时体验的情绪（Marcatto & Ferrante，2008）。因此，心理契约破裂可能引起员工强烈的情感反应，如愤怒、憎恨等。然而，这种强烈的负面情绪的持续时间是短暂的（Tomprou et al.，2015），在对心理契约破裂进行问责分析之后，这些强烈的情绪会逐渐转换成更加温和的、具有指向性的负面情绪，如不满、失望和懊悔等。

基于以上分析，本研究提出假设 6。

假设 6：心理契约破裂正向影响失望和懊悔。

众利式建言是同时考虑员工利益和组织利益，以解决问题为导向的积极的建言行为（Hagedoorn et al.，1999）。心理契约是指员工对于其与组织对彼此应尽义务的信念。对员工来说，心理契约一旦形成，便成为员工与组织应尽义务的参照标准（Tomprou et al.，2015）。当员工感知组织未能履行义务，即员工感知其对组织的付出没有得到相应的回报时，便会产生心理契约破裂（Robinson & Morrison，2000）。换言之，心理契约破裂是指员工感知到现实与已形成的心理契约参照标准之间存在负向差异。

心理契约破裂会引发员工行为上的改变从而进行调节（Tomprou et al.，2015；Carver & Scheier，1998）。研究表明，心理契约破裂会导致员工做出工作越轨、非伦理行为等消极行为（Shaffakat et al.，2021；钟熙等，2020）。的确，根据社会交换理论以及该理论中的互惠原则，心理契约破裂说明互惠关系中断，进而引发员工的消极行为反应（王炳成等，2000）。社会交换理论的一个重要理论来源是强化心理学（reinforcement psychology）（Emerson，1976）。强化心理学基于“刺激—反应”模式，解释了员工在外部环境中心理契约破裂的刺激下做出相应的即时的负面行为反应。然而，该模式忽视了个体认知的作用。自我调节理论强调个体认知的调节作用，认为个体对目标的追求会激发个体的自我调节系统，促使个体控制自身对环境做出原始反应，从而选择有利于目标达成的反应（Vohs et al.，2008）。因此，在心理契约破裂后，员工感知到自己对组织的付出没有得到相应的回报，为了获取该回报，员工会控制自身做出可能不利于争取回报的反应，如报复、破坏性建言等负面行为，并且反思如何引起组织对该事件的重视，积极争取组织回报。因此，员工心理契约破裂会促使员工主动向主管或相关人员汇报破裂事件，获取对方的帮助（Rousseau et al.，2018），并与其一道努力争取应得的组织回报，表现为考虑组织利益和自身利益的众利式建言行为。现有研究也表明，员工对工作感到不满或受到不公平对待时，会采取以改变现状为导向、有利于解决问题的建言行为（Bandura，1991；周浩，2021）。因此，心理契约破裂促使员工指出组织中存在的问题，以便解决心理契约破裂事件（代同亮等，2022）。另外，心理契约具有内隐性，公开的义务承诺比内隐的义务承诺对人的认知和行为更具影响力（Rousseau，1989）。员工成为心理契约破裂的受害者之后，为了防止类似事件再次发生、自身利益受到更大的损失，其内在的自我调节动机促使员工将心理契约内容外显化，迫使员工主动与相关人员就相关问题进行沟通。因此，心理契约破裂迫使员工与主管或相关人员进行沟通与协商，寻求解决破裂事件的方法，将心理契约义务外显化，以减少心理契约破裂带来的负向差异。

基于以上分析，本研究提出假设 7。

假设 7：心理契约破裂正向影响众利式建言。

情绪反应是个体从感知外部环境到采取行为的适应性过程，情绪调节的基本目标在于激发具有最佳效果的行为，也就是能够达成目标的应对行为（Smith & Lazarus，1990）。个体经历一种情绪之后，会激发自身做出调整自己情绪的行为，而这些行为可能产生与之前相反的情感，从而使个体恢复到正常、中立的情绪状态（Solomon，1980）。因此，员工感受到的不满、失望和懊悔的情绪会促使员工做出能够减轻或消除这些情绪的调节行为。

本研究认为，失望和懊悔会在两个方面促使员工做出积极的众利式建言行为。一方面，失望和懊悔的负面情绪促使员工做出反应，并就这些反应对组织、对其与组织的雇佣关系的影响进行认知评价。这一认知评价过程削弱了员工对心理契约破裂做出简单的、本能的消极反应的可能。因为，员工做出消极怠工或者工作越轨等行为，这对组织不利，从长远看，对员工自身以及其与组织之间的雇佣关系也不利，员工与组织之间的心理契约面临着“失效”的可能，即消极反应不利于员工在组织中的生存和发展。因此，员工在分析消极的反应可能产生负面影响后，做出消极反应的概率可能降低。另一方面，情绪具有动机特征，个体做出积极还是消极的应对策略取决于引起情绪的事件对个体的重要性（Smith & Lazarus，1990）。如果引起情绪的事件对于个体实现目标非常重要，那么个体通常会采取积极的应对策略（Smith & Lazarus，1990）。聚焦问题的应对策略旨在改变现有存在问题的关系的积极努力，是直接针对环境或自身且能够改变“个体—环境”关系的有计划的行为（Smith & Lazarus，1990）。心理契约是员工衡量其在组织中的付出和得到的组织回报的标准，对员工在组织中的生存和职业发展至关重要（Baruch & Rousseau，2019）。心理契约破裂之后，员工为了争取自身在组织中的利益，维护其作为组织员工的角色，保障未来的职业发展，通常选择能够有效应对心理契约破裂事件的反应策略，即聚焦问题的应对策略。员工产生了对组织失望和对自身懊悔的负面情绪，使员工将聚焦问题的应对策略指向对破裂事件都负有责任的组织和自身，即希望组织和自身为了有效应对破裂事件做出改变，表现为与组织一道协商能够解决引起心理契约破裂事件的方案。因此，员工会向组织提出其对该事件的看法，并表达其与组织一道解决该事件的意愿和建议，行为上表现为积极的众利式建言行为。

值得注意的是，失望和懊悔不同于心理契约违背。心理契约违背是员工将破裂事件归因为组织而对组织产生强烈的负面情绪，进而可能做出有损于组织利益的消极怠工、破坏性建言等负面行为（代同亮等，2022；张璇等，2017）。虽然该负面行为能在一定程度上缓解负面情绪，但没有从源头解决心理契约破裂问题。本研究认为，员工产生负面情绪之后对反应倾向的认知评价以及对自身利益追求的动机促使员工做出积极的众利式建言行为。

另外，情绪是一种信息（Schwarz & Clore，2003）。员工的负面情绪表明组织中存在需要解决的问题。从卢红旭等（2020）对建言的逻辑链条分析来看，员工的负面情绪是产生建言内容的来源之一。因此，员工产生负面情绪后会向主管或相关人员陈述心理契约破裂事件，表达负面情绪，并与之协商寻求解决事件的方案，这促使员工建言。

基于以上分析，本研究认为，心理契约破裂使员工感知到其在组织中的付出与回报之间存在负向差异，其与组织之间的雇佣关系被阻断，在对心理契约破裂事件进行问责分析之后，员工产生了不满、失望和懊悔等具有指向性的负面情绪，进而产生了反应倾向。员工就反应倾向对组织以及其与组织的雇佣关系的影响进行认知评价，在追求自身利益目标的驱动下，产生的不满、失望和懊悔等负面情绪会促使其做出有利于解决心理契约破裂事件的积极的众利式建言行为。

基于以上分析，本研究提出假设 8。

假设 8：失望和懊悔情绪正向影响众利式建言。

在工作场所中，员工内在动机促发的行为依靠员工运用意识、认知和情感资源在多种任务中进行动态调节来实现（Lord et al.，2010）。自我调节过程要求个体具有知识管理能力、注意力管理能力、情绪管理能力和行为过程管理能力（Lord et al.，2010）。组织中的员工通常都接受过相关的正式教育和工作培训，具有一定的信息处理和情绪管理能力（Lord et al.，2010）。情绪上的自我控制能够有效促进解决问题的应对策略的实施（Folkman et al.，1986）。员工的自我调节机制能够帮助员工克服负面情绪，从而做出积极的行为（Kiazad et al.，2014）。而且，面对工作中的压力事件，员工通常采用有计划的行为来解决问题（Folkman et al.，1986）。

心理契约破裂后，员工运用自身的知识和自身在组织中的角色，分析心理契约破裂事件与自身切身利益和长期职业发展的相关性和重要性，并对导致心理契约破裂的事件进行归因分析之后，产生对组织感到失望和对自身感到懊悔的负面情绪。失望是针对他人的责任分析产生的、与责备他人相关的情绪，责备他人更有可能引发个体希望他人做出改变的愿望。懊悔是针对自身责任的分析产生的、与自我责备相关的情绪，自我责备更可能引发个体采取行动解决问题（Bulman & Wortman，1977）。因此，员工心理契约破裂后，产生了失望和懊悔情绪，在追求自身利益和长期职业发展的动机下，员工会抑制不利于自身在组织中发展的反应行为，做出有利于自身利益和长期职业发展的有计划的行为，积极与组织有效协商，表现为积极的众利式建言行为。

基于以上分析，结合假设 6 和假设 8，本研究进一步提出假设 9。

假设 9：失望和懊悔在心理契约破裂和众利式建言之间发挥中介作用。

个体通过情绪调节做出有利于目标实现的行为，其最终目的是与环境建立匹配的关系（Smith & Lazarus，1990）。个体采用的应对策略通过问题的解决和情绪的管理两种机制影响个体接下来的认知和情绪，即应对策略在解决问题和管理情绪两个方面发挥其适应性功能（Smith & Lazarus，1990）。众利式建言能够在帮助解决心理契约中可能存在的问题和缓解心理契约破裂带来的负面情绪两个方面发挥其适应性功能，从而达到心理契约修复的目标。

一方面，众利式建言作为改变现状、解决问题的应对策略，是员工向组织反映组织中存在的问题的一种方式。这种建言方式能够将存在于员工与组织之间无形的心理契约内容外显化。明确组织与员工的责任，有助于心理契约修复（Rousseau et al.，2018）。个体自我调节的一个重要方面在于，个体可根据外在需求的变化调整策略以维持理想状态（Lord et al.，2010）。当个体感知差异时，会关注不断变化的环境，调整注意力，而不是不考虑情境因素而固执地关注当前的焦点或目标（Lord et al.，2010）。因此，众利式建言有助于员工明确其与组织之间的责任与义务。随着责任与义务的明晰化，员工会适时调整其心理契约内容，从而与组织达成新的有效的心理契约，帮助心理契约修复。另一方面，旨在改变现状、解决问题的众利式建言能够缓解员工的负面情绪。适当地叙述负面事件和情绪表达有助于个体恢复健康（Pennebaker et al.，1997）。众利式建言同时考虑组织利益和员工利益，是员工基于与组织“和平相处”的意愿而做出的积极行为，是员工向组织表达善意的和解方式。员工带着善意与组织沟通，并且向组织表达出自己对心理契约破裂事件的看法，提出可能的解决方案和希望达到的目的。这一倾诉过程有助于调节员工的负面情绪。员工向组织建言之后，即使心理契约破裂事件没有得到解决，其负面情绪也能得到一定的缓解（Tomprou et al.，2015）。因此，众利式建言能够在解决问题和缓解情绪两个方面帮助员工与组织建立更加匹配的雇佣关系，有助于员工心理契约修复。

值得注意的是，众利式建言旨在解决问题，但不一定解决引发员工心理契约破裂的具体事件，而是解决组织与员工之间的责任匹配关系这一问题。心理契约破裂是员工与组织之间的互惠关系受到阻断，使员工与组织之间的责任交换关系受到干扰，模糊了员工与组织之间的责任与义务关系。众利式建言有利于员工与组织进行良好的沟通，将心理契约内容外显化，帮助员工清晰地了解其与组织的责任和义务关系，调整其对组织回报的期待，从而与组织建立更加匹配的雇佣关系。当然，众利式建言如果能够解决引发心理契约破裂的事件，那么会使员工感到成就感和满足感以及组织对自身利益的响应和重视，这将有助于心理契约修复。

基于以上分析，本研究提出假设 10。

假设 10：众利式建言正向影响心理契约修复。

个体在压力下倾向于采取能够与环境建立更加匹配的应对行为（Skinner et al.，2003）。自我调节理论认为，个体对目标的追求会使员工做出积极的自我反应，抑制自身做出可能带来自我谴责或责备的行为，尤其是在重要领域，有意义的行为会带来自我满足感并启发个体做出改变（Bandura，1991）。心理契约是员工衡量其与组织之间交换关系的参照标准，对员工的利益和职业发展具有非常重要的意义（Baruch & Rousseau，2019）。心理契约破裂后，员工会理性分析自身的反应对自身在组织中的发展以及其与组织之间的交换关系的影响，从而抑制自身做出不利于自身发展以及其与组织的雇佣关系的行为。因此，当员工感知到组织的付出减少时，会开启自我保护机制以维护良好的形象，并解读新的雇佣关系（Naus et al.，2007）。员工在心理契约破裂后会采取积极的应对策略（Kiazad et al.，2014）。心理契约破裂后，员工为了维护其与组织之间良好的雇佣关系，会采取以解决问题为导向的积极应对策略，向组织提出自身对破裂事件的看法，希望自身能够与组织一道就相关问题进行沟通，建立更加匹配的雇佣关系。众利式建言作为员工积极应对心理契约破裂的策略，能够使员工充分表达其对导致心理契约破裂事件的观点，表明自身的态度，为自身利益发声，维护其在组织中的自尊。向组织提出建议是释放员工负面情绪的渠道，员工在建言的过程中，负面情绪得到缓解。员工对契约破裂事件进行解读能够促使员工探索积极的应对行为，增强个体的适应能力，促进心理契约修复（Bankins，2015）。

基于以上分析，本研究提出假设 11。

假设 11：众利式建言在心理契约破裂和心理契约修复之间发挥中介作用。

在假设 6 至假设 11 的基础上，本研究提出一个链式中介模型。员工心理契约破裂后，通过对导致心理契约破裂的事件对自身利益和自尊等方面的影响以及归因分析之后，会对组织产生失望的情绪，对自身产生懊悔的负面情绪。在失望和懊悔的负面情绪以及追求自身利益的动机驱使下，员工希望对心理契约破裂负有责任的组织和员工自身均做出改变，表现为同时考虑组织利益和员工自身利益的众利式建言行为。众利式建言作为员工在心理契约破裂后寻找组织支持和旨在与组织建立更加匹配的雇佣关系的应对策略，能够使员工明晰其与组织之间的责任关系，并且能够缓解心理契约破裂带来的失望和懊悔情绪，从而有利于员工与组织重新建立有效的心理契约，促进心理契约修复。员工为自身利益发声这一行为，维护了自身在组织中的自尊，即使心理契约破裂事件没有得到有效解决，众利式建言也能够让员工在一定程度上缓解负面情绪，从而有利于心理契约修复。

基于以上分析，本研究提出假设 12。

假设 12：失望和懊悔、众利式建言在心理契约破裂对心理契约修复的间接影响中发挥链式中介作用。

根据自我调节理论，个体自我调节能力受到个体认知资源的影响（Bandura，1997）。心理契约破裂后，员工产生的负面情绪的程度和类型受到员工在组织中的认知资源的影响。个体认知资源能够减轻员工的负面情绪的程度，员工个体特征在个体认知评价过程中发挥作用，能够使情绪更具弹性和适应性功能（Smith & Lazarus，1990；Rousseau et al.，2018）。员工战略共识是员工对组织战略的理解和认同（赵莉等，2023）。当心理契约破裂时，员工是否产生失望和懊悔的负面情绪在一定程度上受到员工对组织战略目标的理解以及认可程度的影响。

战略共识水平高的员工基于对组织战略的理解和认同，能够真切地领悟组织的使命和愿景，对组织的价值产生认同感，并且将这些认同感内化为自身的工作意义，体现在对待工作的态度、认知和行为上。战略共识水平越高的员工，越能将组织的战略目标与自身的工作目标融合，与组织形成共同体的意识，对组织和自身之间的雇佣关系具有更高的期待，对组织和自身的合作具有较高的信心。心理契约破裂后，维系着组织和员工的心理契约遭到阻断，这时，战略共识水平越高的员工，对其与组织的雇佣关系有更高的期待，越易产生认知失调，越能够促使员工产生反事实的思维和情绪。同时，战略共识水平越高的员工，在其与组织的共同使命和愿景的指导下，越易将组织与自身作为一体看待问题，因而越能够将心理契约破裂归因于契约双方，而非一味地指责契约当中的另一方，认为组织和自身都应该为阻碍组织正常运行的心理契约破裂事件负有责任，这种归因更易使员工产生对组织的失望情绪和对自身的懊悔情绪。

具体而言，首先，心理契约破裂后，战略共识水平越高的员工，出于“组织—员工”共同体的意识，越能感知到维系组织和员工的心理纽带的破裂对员工和组织产生的不利影响，如损害员工自身的利益，妨碍组织的正常运行。其次，心理契约破裂后，战略共识水平越高的员工，对组织的结构和组织运行规则有更充分的认知和理解，因而越能理性分析组织中存在的问题。同时，战略共识水平越高的员工，出于对组织目标和组织愿景的认可，能够客观分析自身在心理契约破裂事件中的不足，从而形成组织和自身对心理契约破裂共同负有责任的归因。最后，心理契约破裂模糊了员工对其与组织之间的责任关系的认知，在一定程度上降低了员工按照原有的心理契约继续履行职责的意愿。战略共识水平越高的员工，越能感知到这有可能对组织战略的实现产生不利影响，在对心理契约破裂事件进行归因分析之后，越有可能产生对组织的失望和对自身的懊悔的情绪。因此，战略共识水平越高的员工，在与组织共同的价值观和目标的指导下，越能在心理契约破裂后产生失望和懊悔的情绪。

基于以上分析，本研究提出假设 13。

假设 13：员工战略共识正向调节心理契约破裂对失望和懊悔的影响，即员工战略共识水平越高，心理契约破裂越可能引发失望和懊悔的情绪。

情绪认知评价理论认为，个体的认知资源在个体产生、体验和表达情绪等方面发挥作用（Smith & Lazarus，1990）。失望和懊悔在心理契约破裂与众利式建言之间的中介作用受到员工对组织战略共识水平高低的影响。具体而言，战略共识水平高的员工将自身的职业发展目标与组织战略目标相结合，因而对工作充满更高的激情，内在驱动力也更大。心理契约破裂后，战略共识水平高的员工比战略共识水平低的员工更有可能对心理契约破裂产生不满情绪，认为心理契约破裂阻碍了其与组织之间的亲密合作，阻碍了自身的职业发展和组织战略目标的实现。战略共识水平高的员工对自身在实现组织战略目标过程中所扮演的角色更加清晰，对组织运行机制有更深入的了解，能够促进员工与组织进行有效沟通。在相同的目标下，员工会从组织和个人的角度去思考并解决问题。因而，战略共识水平越高的员工越有可能从全局的角度分析心理契约破裂的原因，认为组织和员工作为一体都应当为心理契约破裂负责，因而更有可能产生对组织失望和对自身懊悔的负面情绪，这种负面情绪能够促使员工做出对组织和自身都有利的必要调整，即对组织和自身都有利的众利式建言行为。

个体进行情绪认知评价、行为调节的最终目的是与环境建立匹配的关系，该目标能否达成受到个体认知资源的影响（Smith & Lazarus，1990）。基于以上分析，本研究进一步提出，员工战略共识正向调节心理契约破裂通过失望和懊悔以及众利式建言对心理契约修复的间接影响。员工战略共识能够促使员工积极调整其工作行为，为了实现对组织和自身双方都有利的目标而努力（赵莉等，2023）。员工战略共识有助于员工在遇到问题时积极、主动寻找解决问题的方案（于海云等，2022）。员工战略共识水平越高，越能将组织和自身视为一体，因而越能够将心理契约破裂归因为契约双方，从而更易产生对组织失望和对自身懊悔的情绪，促使员工做出同时考虑组织利益和员工自身利益的众利式建言行为。员工在建言过程中表达自身的观点和愿望、抒发情绪等，观点的表达和情绪的释放过程能够给自身带来内在的满足感，有利于员工与组织重新建立有效的心理契约。

基于以上分析，本研究提出假设 14。

假设 14：员工战略共识正向调节心理契约破裂，通过失望和懊悔以及众利式建言对心理契约修复产生间接影响，即员工战略共识水平越高时，心理契约破裂越能引发员工失望和懊悔的情绪，进而促使员工做出众利式建言行为，促进员工心理契约修复。

6.3 心理契约破裂与建言行为关系的实验研究

本研究构建了一个有调节的链式中介模型，为了更好地验证模型中变量之间的因果关系，本研究在开展问卷调查研究前，进行了一项实验，以辅助解释相关变量之间的因果关系，增加研究的可信度。本实验采用单因素（心理契约破裂：破裂 VS 不破裂）的组间设计，探究心理契约破裂对建言行为的影响。本实验借鉴 Jong 等（2017）的做法，选择大学生作为被试。大学生在年龄、工作经历等方面的差异较小，因而适合作为实验的被试。共有166 名大学生参加此次实验，男性占比 35.55%，女性占比 64.45%，被试年龄18~21 岁。

6.3.1 实验操控材料

本研究借鉴 Jong 等（2017）的研究，通过情景模拟对心理契约破裂进行操控。当员工感知组织没有履行重要的义务时，心理契约破裂产生（Baruch & Rousseau，2019）。因此，本研究通过被试阅读以下情景材料对心理契约破裂进行操控。“你在 X 公司上班已有 2 年了，你工作很顺利，但该公司员工因工作原因需要经常出差。据你所知，该公司每位员工每年都有一次带家属随行出差的机会，公司会报销随行家属的交通费和住宿费。在你看来，这是公司为了避免员工由于经常出差可能引起工作、家庭冲突，提高员工对公司的满意度而采取的福利措施，员工早已把这当作公司对员工应尽的关爱责任了。这次你要去上海出差。正好最近你妈妈感到身体不适，你便带着你妈妈一同去上海的某家医院，让她做了全面体检。这是你入职该公司以来第一次带家属出差。回来后，你找公司报销你妈妈的交通费和住宿费。”心理契约破裂情景（实验组）的被试继续阅读“公司说，你妈妈的费用不能由公司报销，需要你自己来承担。”心理契约不破裂情景（控制组）的被试继续阅读“公司说，本月只能报销你妈妈的交通费，下个月报销她的住宿费。”

6.3.2 实验流程

首先，将被试随机分成实验组和控制组，两组被试被告知阅读一段文字材料并设想自己是材料中的主人公。实验组阅读心理契约破裂情境材料，控制组阅读心理契约不破裂情境材料。然后，被试选择是否向上司或同事提出意见、建议或想法，如果选择“是”，则写下具体意见、建议或想法。接下来，被试被要求填写心理契约破裂量表（Tekleab et al.，2005）（α=0.849）。为了使题项更符合本研究情境，措辞做了适当修改，如将“大学很好地履行了对我的责任”改为“公司很好地履行了对我的关爱责任”（反向计分）（1= 非常不同意，5= 非常同意）。最后，被试填写人口统计学信息。

6.3.3 实验结果

（1）操控检验

独立样本 T- 检验分析结果显示，两组被试感知的心理契约破裂水平出现显著差异（$M_{破裂}$=3.667 VS $M_{不破裂}$=2.399，t（164）=-12.331，$p<0.001$）。这表明对心理契约破裂的操控有效。

（2）心理契约破裂对建言行为的影响

本研究将选择会对上司或同事建言并写下建言内容的，认定为建言行为，并将其编码为 1；将选择不会对上司或同事建言或没有写下建言内容的，认定为没有建言行为，并将其编码为 0。运用 SPSS 22.0 软件，以建言为因变量，心理契约破裂为自变量，进行二元 Logistic 回归分析。Omnibus 检验表明 Logistic 模型具有统计学意义，χ^2=23.304，$p<0.001$，能够对 68.1% 的个案进行正确分类。心理契约破裂相对于心理契约不破裂而言，员工采用建言行为的概率会增加 412.8%，因此假设 7 得到有效支持。二元 Logistic 回归结果如表 6.1 所示。

表 6.1　二元 Logistic 回归分析结果（N=166）

变量	B	标准差	Wald x^2	自由度	显著性	OR	OR 的 95%CI	
							下限	上限
截距	-0.173	0.223	0.603	1	0.437	0.841		
心理契约破裂	1.635	0.356	21.086	1	0.000	5.128	2.552	10.304
-2 对数似然	193.905							
Cox & Snell R^2	0.131							
Nagelkerke R^2	0.179							

注：因变量 = 建言，0= 不建言，1= 建言；自变量，0= 心理契约不破裂，1 = 心理契约破裂。心理契约不破裂作为控制组。

自我调节理论认为，当个体感知到现实与参考标准之间出现负面差异时，会采取行为调节的方式缩小或消除差异。本实验验证了心理契约破裂会引发建言行为这一假设。这说明心理契约破裂会激发建言行为。但是，本实验的被试为大学生，而非企业员工。虽然大学生在年龄、工作经历和心理契约破裂经历等方面的差异较小，能够凸显变量之间的因果关系，但是，大学生这一身份也影响了研究的外部效度。因此，本研究采用问卷调查，对心理契约破裂后基于“情绪—行为”调节路径的有调节的链式中介模型进行检验。

6.4 基于“情绪—行为”调节的修复机制的问卷调查研究

6.4.1 研究设计与研究样本

本章的问卷调查采取与第五章问卷调查类似的方式。心理契约破裂事件是驱动心理契约变化的关键事件，要探索心理契约的变化，须基于具体事件进行观察和分析（Bankins，2015）。本章参照 Solinger 等（2016）的做法，要求调查对象回忆过去一周发生的主管或代表组织的领导未兑现承诺的事件，并简单描述此事件。因为本次调查要求调查对象报告具体的心理契约破裂事件，即要求调查对象报告其目前就职的企业中主管或领导没有兑现承诺的事件。这对于仍在该企业就职的调查对象而言，具有一定的风险。为了保证员工如实汇报事件并真实填写问卷，消除调查对象存在的顾虑，本章通过 Credamo 见数在线平台并在该平台自有样本库中招募企业在职员工展开线上问卷调查。利用 Credamo 见数在线平台向调查对象提供安全感，保障调查对象如实报告心理契约破裂事件并完成问卷调查。设置“被试信用分高于 70 分”的条件以提高作答质量。通过该平台选择调查对象的功能，参与了第五章问卷调查的员工不能再次参加此次调查。根据本研究的内容和 Lord 等（2010）对工作中的自我调节时长的描述，员工心理契约从破裂到修复属于中级的自我调节，可能需要几分钟、几小时甚至几天来完成。即心理契约破裂之后，员工需要一定的时间进行自我调节。工作中的事件并非完全独立发生，而是相互联系的，员工的工作目标具有一定的复杂性，这些因素都会影响员工的自我调节过程和需要调节的时间（Lord et al.，2010）。因此，本研究参考 Solinger 等（2016）的做法，在调查对象报告心理契约破裂之后，每次间隔一周进行相应的测量。因此，本次调查分五个时间点收集数据，每次间隔一周。在 T1 时间点，收集调查对象的员工战略共识、心理契约和人口统计学信息。一周之后，即 T2 时间点，要求调查对象报告过去一周发生的心理契约破裂事件。在实际问卷中，对心理契约破裂进行适当的解释以便调查对象理解其意思并准确报告事件，然后邀请调查对象填写心理契约破裂量表和心理契约量表。一周之后，即 T3 时间点，研究者邀请调查对象填写失望和懊悔量表和挑战性评价量表。一周之后，即 T4 时间点，研究者邀请调查对象填写众利式建言量表。一周之后，即 T5 时间点，研究者邀请调查对象填写心理契约量表（即心理契约修复量表）。如果调查对象在 T2 时间点报告没有发生心理契约破裂事件，即在一周之后继续询问这部分调查对象；对于报告了心理契约破裂事件的调查对象，则按照上述程序随即开展 T3 时间点、T4 时间点和 T5 时间点的调查。对于仍报告没有心理契约破裂事件发生的调查对象，在一周之后继续询问；对于报告了心理契约破裂事件的调查对象，则按照上述程序随即开展 T3 时间点、T4 时间点和 T5 时间点的调查。问卷中对心理契约破裂的具体内容解释如下：

“现在，请您回忆一下，回忆在刚刚过去的一周里（即从您填完第一期问卷到现在）您的工作情况。在这段时间里，您在公司有没有遇到以下类似事件：公司或者代表公司的人员（主管或领导）没有遵守承诺的事件。这种承诺可以是明确说出来的（比如，领导承诺给你晋升、加薪、改善工作环境、培训技能、安排工作任务、休假、调休等，却没有兑现），也可以是没有明确说出来的承诺（比如，您认为上一周您做了某项工作，付出了很多时间或精力，却没有得到公司或者领导相应的认可或回报等）。”

实际调查中，在 T1 时间点发放了第一期包含了心理契约、员工战略共识和人口统计学信息的调查问卷 310 份，回收 310 份。一周之后，即 T2 时间点，向这 310 名调查对象发放了第二期调查问卷，要求他们报告心理契约破裂事件并填写心理契约破裂量表和心理契约量表。有 199 名调查对象报告了心理契约破裂事件，并简单描述了事件，填写了心理契约破裂量表和心理契约量表。一周之后，即 T3 时间点，向这 199 名员工发放了第三期问卷，邀请调查对象完成失望和懊悔量表以及挑战性评价量表，回收 178 份问卷。一周之后，即T4时间点，向这178名调查对象发放第四期调查问卷，邀请调查对象填写众利式建言量表，回收162份问卷。一周之后，即T5时间点，向这162名调查对象发放了第五期调查问卷，邀请调查对象填写心理契约量表（即心理契约修复量表），回收148份问卷。对于在T2时间点报告没有发生心理契约破裂事件的111名调查对象，一周后继续询问在过去的一周内是否经历了心理契约破裂事件，有58名调查对象报告了心理契约破裂事件，根据上述程序，在随后的一周、两周和三周展开T3、T4和T5时间点的调查，回收43份问卷。对剩下的53名调查对象，一周后继续询问，有38名员工报告了心理契约破裂事件，并随即展开T3、T4和T5时间点的调查，回收28份问卷。经过三次询问，仍有15名调查对象报告没有心理契约破裂事件发生。由于到了研究预期时间，这15名调查对象被排除。96名员工的问卷经过T3、T4和T5时间点的调查，回收了71份有效问卷。最终，本次调查共回收219份有效问卷。问卷的有效回收率为70.65%。其中，男性占比58.4%，女性占比41.6%。47.5%的调查对象的年龄在20岁到30岁，46.1%的调查对象的年龄在31岁到40岁，6.4%的调查对象的年龄在41岁以上。在受教育程度方面，22.4%的调查对象拥有普高/中专/职本或专科学历，70.3%的调查对象具有本科学历，7.3%的调查对象具有硕士或以上学历。在公司性质方面，53.4%的调查对象来自民营企业，31.5%的调查对象来自国有企业，其他调查对象来自外资企业或合资企业。这些企业主要分布在物流、金融、信息技术、文化、体育等行业。被排除或流失的问卷与正式样本在人口统计信息上没有差异。

6.4.2 研究工具

心理契约破裂的定义和测量。心理契约破裂是指员工认为其对组织的付出没有得到相应的回报的感知（Morrison & Robinson，1997）。根据该定义，本研究采用Tekleab等（2005）使用的量表，共3个题项，为了使量表更符合本研究，原量表中的“大学”被改成“公司”。示例题项如“对我来说，公司没有履行它对我做的承诺”（1=非常不同意，7=非常同意）。

失望和懊悔的定义和测量。失望和懊悔是个体比较“现实的情况”和“本来可能的情况”、基于反事实思维产生的情绪，是个体由于不幸的事情而感到遗憾、痛苦，希望事情可以更好时所产生的负面情绪（Marcatto & Ferrante，2008；Mookherjee et al.，2021）。根据这一定义，本研究采用 Marcatto & Ferrante（2008）开发的懊悔和失望量表（The Regret and Disappointment Scale，简称 RDS），该量表基于情绪的认知评价过程开发，用以测量懊悔和失望这两种负面情绪及其程度（Marcatto & Ferrante，2008），共 5 个题项，示例题项如“遇到这件事，我感到难过”（1= 非常不同意，7= 非常同意）。

众利式建言的定义和测量。众利式建言是员工在同时考虑组织利益和自身利益的基础上向组织提出意见和建议的行为（Hagedoorn et al.，1999）。根据这一定义，本研究采用 Hagedoorn 等（1999）开发的众利式建言量表，该量表共 11 个题项，示例题项如“我努力与主管或领导一起寻求一个让每个人都满意的解决方案”（1= 非常不同意，7= 非常同意）。

员工战略共识的定义和测量。员工战略共识是指员工对组织战略的理解和认同（赵莉等，2023）。根据这一定义，本研究选择 Venkatraman（1989）的量表，为了使量表更符合本研究，原量表中的“经理人和大股东”被改成“公司和我”，“经理人和大股东的个人收益”被改成“公司的收益和我的个人收益”。示例题项如“公司和我共同为实现战略目标而努力”（1= 非常不同意，7= 非常同意）。

心理契约修复的定义和测量。根据 Tomprou 等（2015）对心理契约修复的解释，本研究将心理契约修复定义为心理契约恢复到破裂前的水平。心理契约修复的程度通常是由关系型心理契约水平或平衡型心理契约水平来体现（Bankins，2015）。因此，本研究采用 Rousseau（2000）开发的关系型心理契约量表测量心理契约修复。同时，本研究在调查对象报告心理契约破裂事件前、心理契约破裂事件时和心理契约破裂事件后（即 T1、T2 和 T5 时间点）对关系型心理契约进行了测量。通过对比三个时间点的关系型心理契约水平，辅助测量心理契约破裂和心理契约修复。示例题项如“公司关心我个人的安康”（1= 非常不同意，7= 非常同意）。

控制变量：研究表明，人口统计学信息可能影响员工心理契约破裂后的反应。例如，年龄会影响员工心理契约破裂和工作态度之间的关系（Bal et al.，2008），性别会影响员工对组织中的公平和组织履行义务的感知（Lee et al.，

2000）。因此，本研究选择年龄、性别、受教育程度以及员工所处的企业性质作为控制变量。

此外，第四章提出，员工心理契约破裂后通过认知调节和行为调节达到心理契约修复的目的。为了验证挑战性评价（认知调节）和众利式建言（行为调节）在心理契约破裂和心理契约修复之间的中介效应，本研究还测量了挑战性评价。采用第五章研究使用的量表进行测量（Drach–Zahavy & Erez，2002），示例题项如“这件事对我来讲是个挑战”（1= 非常不同意，7= 非常同意）。

本研究中所使用的量表如表 6.2 所示。

表 6.2 基于“情绪—行为”调节的修复机制的问卷调查中使用的量表

变量	题项描述	来源
心理契约破裂	对我来说，公司没有履行它对我做的承诺	Tekleab 等（2005）
	对我来说，公司很好地履行了它对我做的承诺（反向计分）	
	对我来说，公司履行了它对我做的重要的承诺（反向计分）	
失望和懊悔	遇到这件事，我感到难过	Marcatto & Ferrante（2008）
	在这件事上，我真希望我当初做了不一样的选择	
	我真希望在这件事中，那些已经发生了但是又不是我能控制的事情没有发生	
	我觉得我对这件事负有责任	
	那些我无法控制的事情是导致这件事发生的原因	
众利式建言	我尽量与主管或领导达成谅解	Hagedoorn 等（1999）
	我努力与主管或领导一起寻求一个让每个人都满意的解决方案	
	我尽量与主管或领导一起想出一个理想的解决方案	
	我与主管或领导相互探讨、交流彼此的观点，直到问题得到解决	
	我试着与主管或领导寻找折中的方案	
	我试着与主管或领导谈论这一问题，直到达成一致	
	我向主管或领导提出解决问题的方案	
	我立刻向主管或领导报告这个问题	
	我马上着手去想解决问题的办法	
	我努力想出不同的方法去解决这个问题	
	我让主管或领导寻找折中的方案	

续表

变量	题项描述	来源
员工战略共识	制定战略决策时，公司和我会共同分析，尽可能进行充分的论证	Venkatraman（1989）
	公司和我会正式地跟踪有意义的行业经营的一般趋势	
	公司和我共同参与战略的制定过程	
	公司和我共同参与战略的实施过程	
	公司和我共同为实现战略目标而努力	
	战略执行结果与公司的收益和我的个人收益关系密切	
心理契约修复	公司关心我个人的安康	Rousseau（2000）
	公司会为了员工的利益牺牲公司暂时的利益	
	公司会对员工关心的事和员工的健康做出回应	
	公司在做决策时会考虑我的利益	
	公司关心我长久的幸福和健康	
挑战性评价	这件事给了我一个增强自尊的机会	Drach-Zahavy 和 Erez（2002）
	这件事对我来讲是个挑战	
	这件事给了我一个运用我推理能力的机会	
	这件事给了我一个克服困难的机会	
	总的来说，我认为我能够成功处理这件事	
	我觉得，我有足够的能力来处理这件事	

6.4.3 统计方法与分析思路

本研究利用 SPSS 22.0 和 Mplus 7.0 软件进行统计分析。首先，利用 Mplus 7.0 软件进行验证性因子分析和共同方法偏差检验；然后，利用 SPSS 22.0 软件对变量进行描述性统计、相关性分析和信度分析；最后，利用 SPSS 22.0 软件以及 PROCESS 4.1 进行回归分析，并对被调节的中介效应进行检验。

6.4.4 研究结果

（1）验证性因子分析

进行假设检验之前，研究者对研究中的变量进行了验证性因子分析。根据

Hair 等（2010）的标准，结果表明，五因子模型修正后拟合度较好，优于其他四个模型，说明变量间具有良好的区分效度。本研究的验证性因子分析结果如表 6.3 所示。

表 6.3 验证性因子分析结果（N=219）

模型	χ^2	df	χ^2/df	RMSEA	SRMR	CFI	TLI
五因子模型	653.088	386	1.692	0.056	0.066	0.907	0.895
四因子模型	952.928	399	2.388	0.080	0.096	0.807	0.790
三因子模型	1082.244	402	2.692	0.088	0.099	0.763	0.744
二因子模型	1159.775	404	2.871	0.092	0.097	0.737	0.717
单因子模型	1272.542	405	3.142	0.099	0.092	0.698	0.675

注：1. 五因子模型，即心理契约破裂、失望和懊悔、众利式建言、员工战略共识和心理契约修复。

2. 四因子模型，即心理契约破裂 + 失望和懊悔、众利式建言、员工战略共识和心理契约修复。

3. 三因子模型，即心理契约破裂 + 失望和懊悔、众利式建言 + 员工战略共识和心理契约修复。

4. 二因子模型，即心理契约破裂 + 失望和懊悔、众利式建言 + 员工战略共识 + 心理契约修复。

5. 单因子模型，即心理契约破裂 + 失望和懊悔 + 众利式建言 + 员工战略共识 + 心理契约修复。

（2）共同方法偏差检验

本研究在 5 个时间点收集数据以降低共同方法偏差的影响。本研究采用两种方式检验共同方法偏差。第一种方法是利用 SPSS 22.0 软件，通过 Harman 单因子检验法检验。主成分因子分析结果表明，特征值大于 1 的主成分有 5 个，并且第一个因子所解释的变异量为 33.22%，小于 40%，初步说明不存在严重的共同方法偏差。第二种方法是在原有模型基础上加入一个共同方法因子，利用 Mplus 7.0 软件检验，结果表明，新的模型无法拟合。因此，本研究不存在严重的共同方法偏差。

（3）描述性统计、相关系数及信度

本研究描述性统计、相关系数及信度结果如表 6.4 所示。心理契约破裂与失望和懊悔显著正相关（$r=0.433$，$p<0.01$），失望和懊悔与众利式建言显著正

相关（$r=0.671$，$p<0.01$），众利式建言与心理契约修复显著正相关（$r=0.647$，$p<0.01$），员工战略共识与失望和懊悔显著正相关（$r=0.344$，$p<0.01$），员工战略共识与众利式建言显著正相关（$r=0.465$，$p<0.01$）。心理契约破裂 Cronbach's α 值为 0.798，失望和懊悔 Cronbach's α 值为 0.734，众利式建言 Cronbach's α 值为 0.920，员工战略认同 Cronbach's α 值为 0.726，心理契约修复 Cronbach's α 值为 0.775，初步支持了本研究的假设。

（4）假设检验

本研究基于具体事件探讨员工心理契约破裂后的修复过程，邀请调查对象报告心理契约破裂事件并展开调查。本研究在 T1 时间点对调查对象在报告心理契约破裂事件之前的心理契约进行了测量。一周之后，即 T2 时间点，在员工心理契约破裂时，邀请调查对象再次填写心理契约量表。在调查对象报告导致心理契约破裂事件的三周后，即 T5 时间点，第三次邀请调查对象填写心理契约量表。通过对比分析三次调查对象的心理契约，能够得到调查对象在心理契约破裂之前、当时和之后的心理契约水平。配对样本 T- 检验结果表明，T1 时间点的心理契约水平显著高于 T2 时间点的心理契约水平（$M_{T1-T2}=0.667$，标准误为 1.432，$p<0.001$）。T2 时间点的心理契约水平显著低于 T5 时间点心理契约水平（$M_{T2-T5}=-0.570$，标准误为 1.416，$p<0.001$），T5 时间点心理契约水平与 T1 时间点心理契约水平没有显著差异（$M_{T1-T5}=0.097$，标准误为 1.272，$p>0.05$）。该结果表明，调查对象在刚刚经历心理契约破裂时，其心理契约水平显著降低，但是三周之后，心理契约水平能够恢复到心理契约破裂前的水平，说明员工心理契约破裂能够得到修复。

利用 SPSS 22.0 软件，采用层级回归分析对研究假设进行检验。将失望和懊悔作为因变量，在放入控制变量（性别、年龄、教育程度和企业性质）之后，将心理契约破裂作为自变量，如表 6.5 模型 2 所示，心理契约破裂与失望和懊悔呈显著的正相关关系（$B=0.357$，$p<0.001$），假设 6 得到有效支持。将员工战略共识加入自变量范畴，如表 6.5 模型 3 所示，员工战略共识与失望和懊悔呈显著的正相关关系（$B=0.447$，$p<0.001$）。然后将心理契约破裂与员工战略共识的交互项加入自变量范畴，如表 6.5 模型 4 所示，心理契约破裂与员工战略共识的交互项与失望和懊悔具有显著的正相关关系（$B=0.251$，$p<0.01$）。员工战略

表 6.4 描述性统计及相关系数结果（N=219）

变量	均值	标准差	1	2	3	4	5	6	7	8	9
1 性别	1.42	0.494	1								
2 年龄	1.61	0.677	–0.188**	1							
3 教育程度	2.76	0.728	–0.222**	–0.002	1						
4 企业性质	1.98	1.051	0.045	–0.006	0.023	1					
5 心理契约破裂	5.024	1.115	–0.055	–0.008	–0.087	0.011	（0.798）				
6 失望和懊悔	5.101	0.956	–0.067	0.070	–0.179**	–0.055	0.433**	（0.734）			
7 众利式建言	5.556	0.885	–0.057	0.038	–0.148*	–0.029	0.240**	0.671**	（0.920）		
8 员工战略共识	5.696	0.656	0.016	0.064	–0.110	–0.040	0.051	0.344**	0.465**	（0.726）	
9 心理契约修复	5.731	0.761	–0.064	0.111	–0.152*	–0.020	0.188**	0.513**	0.647**	0.480**	（0.775）

注：* 表示 $p < 0.05$，** 表示 $p < 0.01$。对角线上括号内为相应变量的 Cronbach's α 值。

共识的简单调节效应图，如图 6.2 所示。假设 13 得到有效支持。

表 6.5　回归分析结果（一）（N=219）

<table>
<tr><th rowspan="2">变量名称</th><th colspan="4">失望和懊悔</th><th colspan="3">众利式建言</th></tr>
<tr><th>模型 1</th><th>模型 2</th><th>模型 3</th><th>模型 4</th><th>模型 5</th><th>模型 6</th><th>模型 7</th></tr>
<tr><td>常量</td><td>6.067***</td><td>5.803***</td><td>5.721***</td><td>5.768***</td><td>6336***</td><td>6.205***</td><td>2.485***</td></tr>
<tr><td>性别</td><td>–0.194</td><td>–0.127</td><td>–0.132</td><td>–0.142</td><td>–0.160</td><td>–0.127</td><td>–0.045</td></tr>
<tr><td>年龄</td><td>0.072</td><td>0.086</td><td>0.057</td><td>0.035</td><td>0.027</td><td>0.034</td><td>–0.021</td></tr>
<tr><td>教育程度</td><td>–0.263**</td><td>–0.205*</td><td>–0.163*</td><td>–0.163*</td><td>–0.203*</td><td>–0.175*</td><td>–0.043</td></tr>
<tr><td>企业性质</td><td>–0.042</td><td>–0.048</td><td>–0.037</td><td>–0.041</td><td>–0.018</td><td>–0.021</td><td>0.010</td></tr>
<tr><td>心理契约破裂</td><td></td><td>0.357***</td><td>0.346***</td><td>0.372***</td><td></td><td>0.178**</td><td>–0.051</td></tr>
<tr><td>员工战略共识</td><td></td><td></td><td>0.447***</td><td>0.318**</td><td></td><td></td><td></td></tr>
<tr><td>心理契约破裂 *
员工战略共识</td><td></td><td></td><td></td><td>0.251**</td><td></td><td></td><td></td></tr>
<tr><td>失望和懊悔</td><td></td><td></td><td></td><td></td><td></td><td></td><td>0.641***</td></tr>
<tr><td>众利式建言</td><td></td><td></td><td></td><td></td><td></td><td></td><td></td></tr>
<tr><td>ΔR^2</td><td>0.049*</td><td>0.171***</td><td>0.092***</td><td>0.023**</td><td>0.031</td><td>0.050**</td><td>0.374***</td></tr>
</table>

注：* 表示 $p < 0.05$，** 表示 $p < 0.01$，*** 表示 $p < 0.001$。

将众利式建言作为因变量，在放入控制变量（性别、年龄、教育程度和企业性质）之后，将心理契约破裂作为自变量，如表 6.5 模型 6 所示，心理契约破裂与众利式建言呈显著的正相关关系（B=0.178，p<0.01），假设 7 得到有效支持。然后，再将失望和懊悔加入自变量范畴，如表 6.5 模型 7 所示，失望和懊悔与众利式建言呈显著的正相关关系（B=0.641，p<0.001）。假设 8 得到有效支持。

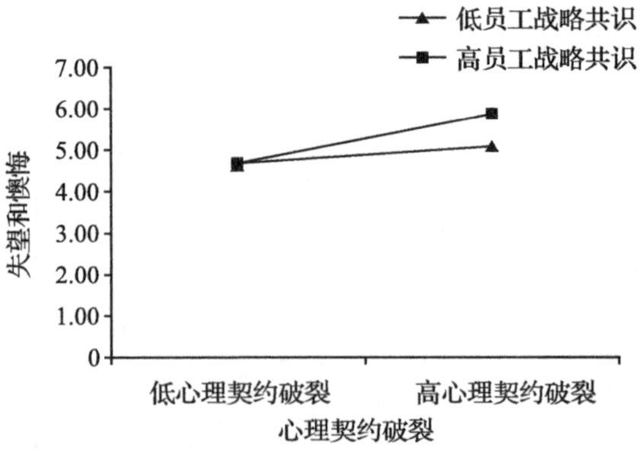

图 6.2　员工战略共识的简单调节效应图（N=219）

将心理契约修复作为因变量，放入控制变量（性别、年龄、教育程度和企业性质）之后，加入心理契约破裂作为自变量，如表 6.6 模型 9 所示，心理契约破裂与心理契约修复存在显著的正相关关系（B=0.117，$p<0.01$）。再将失望和懊悔加入自变量范畴，如表 6.6 模型 10 所示，失望和懊悔与心理契约修复呈显著的正相关关系（B=0.407，$p<0.001$）。将众利式建言加入自变量范畴，如表 6.6 模型 11 所示，众利式建言与心理契约修复呈显著的正相关关系（B=0.471，$p<0.001$）。假设 10 得到有效支持。

表 6.6　回归分析结果（二）（N=219）

变量名称	心理契约修复			
	模型 8	模型 9	模型 10	模型 11
常量	6.251***	6.164***	3.7801***	2.631***
性别	–0.129	–0.107	–0.056	–0.034
年龄	0.107	0.111	0.076	0.087
教育程度	–0.178**	–0.159*	–0.076	–0.055
企业性质	–0.009	–0.011	0.009	0.004
心理契约破裂		0.117**	–0.029	–0.004
失望和懊悔			0.407***	0.105
众利式建言				0.471***
ΔR^2	0.042	0.029*	0.204***	0.164***

注：* 表示 $p < 0.05$，** 表示 $p < 0.01$，*** 表示 $p<0.001$。

利用 Bootstrap 法，运用 PROCESS 4.1 选择模型 4 进行中介效应分析。结果表明，失望和懊悔在心理契约破裂与众利式建言之间的中介效应显著，效应值为 0.229，标准误为 0.050，95% 的置信区间为［0.134，0.333］，不包含 0。假设 9 得到有效支持。众利式建言在心理契约破裂与心理契约修复之间的中介效应显著，效应值为 0.096，标准误为 0.033，95% 的置信区间为［0.027，0.159］，不包含 0。假设 11 得到有效支持。

运用 PROCESS 4.1，选择模型 6 检验链式中介效应。心理契约破裂通过失望和懊悔以及众利式建言影响心理契约修复的中介效应值为 0.108，标准误为 0.033，95% 的置信区间为［0.044，0.176］，不包含 0，假设 12 得到有效支持。

在验证有调节的链式中介效应之前，运用 PROCESS 4.1，选择模型 7 进行了一项有调节的中介效应检验。结果表明，员工战略共识正向调节心理契约破裂通过失望和懊悔影响众利式建言的间接效应。在员工战略共识处于不同水平的情况下，心理契约破裂与众利式建言之间的间接效应的置信区间以及间接效应差异的置信区间结果如表 6.7 所示。当员工战略共识水平高时，心理契约破裂通过失望和懊悔影响众利式建言的间接效应为 0.344，标准误为 0.086，95% 的置信区间为 [0.180，0.517]，不包含 0；当员工战略共识水平低时，在心理契约破裂通过失望和懊悔影响众利式建言的间接效应为 0.133，标准误为 0.053，95% 的置信区间为 [0.033，0.238]，不包含 0。在心理契约破裂通过失望和懊悔影响众利式建言的路径下，员工战略共识在高与低两个水平的间接效应差值为 0.211，标准误为 0.092，95% 的置信区间为 [0.034，0.401]，不包含 0。被调节的中介效应 Index 系数为 0.161，标准误为 0.070，95% 的置信区间为 [0.026，0.306]，不包含 0。

表 6.7　被调节的中介效应分析结果（N=219）

员工战略共识	效应值	标准误	95% 置信区间	
			LLCI	ULCI
心理契约破裂 ——→ 失望和懊悔 ——→ 众利式建言				
高员工战略共识	0.344	0.086	0.180	0.517
低员工战略公司和	0.133	0.053	0.033	0.238
高与低条件下的间接效应差异	0.211	0.092	0.034	0.401

运用 PROCESS 4.1，选择模型 8 检验被调节的链式中介效应。结果表明，员工战略共识正向调节心理契约破裂通过失望和懊悔以及众利式建言影响心理契约修复的间接效应。在员工战略共识处于不同水平的情况下，心理契约破裂通过失望和懊悔以及众利式建言影响心理契约修复的间接效应的置信区间结果以及间接效应差异的置信区间结果如表 6.8 所示。当员工战略共识水平高时，心理契约破裂通过失望和懊悔以及众利式建言影响心理契约破裂的间接效应为 0.162，标准误为 0.060，95% 的置信区间为 [0.055，0.287]，不包含 0；当员工战略共识水平低时，心理契约破裂通过失望和懊悔影响众利式建言进而

影响心理契约修复的间接效应为 0.063，标准误为 0.029，95% 的置信区间为［0.012，0.124］，不包含 0。在心理契约破裂通过失望和懊悔以及众利式建言影响心理契约修复的路径下，员工战略共识在高与低两个水平的间接效应差值为 0.099，标准误为 0.052，95% 的置信区间为［0.011，0.214］，不包含 0。被调节的链式中介效应 Index 系数为 0.076，标准误为 0.040，95% 的置信区间为［0.008，0.163］，不包含 0。假设 14 得到有效支持。

表 6.8 被调节的链式中介效应分析结果（N=219）

员工战略共识	效应值	标准误	95% 置信区间	
			LLCI	ULCI
心理契约破裂 ⟶ 失望和懊悔 ⟶ 众利式建言 ⟶ 心理契约修复				
高员工战略共识	0.162	0.060	0.055	0.287
低员工战略共识	0.063	0.029	0.012	0.124
高与低条件下的间接效应差异	0.099	0.052	0.011	0.214

（5）研究讨论

本研究通过多阶段的问卷调查验证了本章的理论模型。心理契约破裂正向影响失望和懊悔情绪，失望和懊悔情绪正向影响员工众利式建言，失望和懊悔在心理契约破裂和众利式建言之间发挥中介作用。并且，众利式建言正向影响心理契约修复，众利式建言在心理契约破裂和心理契约修复之间发挥中介作用，失望和懊悔、众利式建言在心理契约破裂与心理契约修复之间发挥链式中介作用。同时，员工战略共识作为员工在组织中的认知资源，不仅正向调节心理契约破裂与失望和懊悔的关系，而且正向调节心理契约破裂通过失望和懊悔以及众利式建言影响心理契约修复的间接效应。研究结果说明，员工心理契约破裂之后引起的负面情绪具有指向性，即员工认为组织对破裂事件负有责任而对组织产生失望情绪的同时，也认为自己可能对破裂事件负有责任而对自己感到懊悔，毕竟“一个巴掌拍不响”。另外，员工在心理契约破裂后采取积极的众利式建言行为这一应对策略，说明心理契约破裂会引起员工的积极建言行为。员工遭遇心理契约破裂后，在对组织感到失望、对自己感到懊悔的混合情绪的驱动下，希望组织和自己都做出改变或让步，努力寻找一个对组织、对自己都有利的解决方案。众利式建言有助于员工在心理契约破裂后与组织之间的责任义务关系外显化和清晰化，有助于员工与组织建立更加匹配的雇佣关系。并且，众利式建言同时考虑组织和员工的利益，在建言过程中，员工带着善意与组织一道解决问题，其负面情绪得到缓解。因此，众利式建言能够使员工与组织建立更加匹配的心理契约，同时缓解员工的负面情绪，这两方面能够帮助员工修复心理契约。因此，众利式建言是员工在心理契约破裂后，在失望和懊悔情绪的驱动下做出的努力修复心理契约的积极应对策略。

6.5 本章小结

本章基于自我调节理论和情绪认知评价理论，通过一项多阶段问卷调查和两项实验研究，认为员工心理契约破裂后会对导致心理契约破裂的事件进行评价，从而产生对组织感到失望和对自身感到懊悔的负面情绪。在这两种负面情绪的驱动下，员工希望对心理契约破裂负责的组织和自身都做出改变，行为上表现为积极的众利式建言行为。众利式建言行为是员工同时考虑组织利益和自身利益的建言行为，是员工积极应对心理契约破裂的主动行为。众利式建言能够使员工与组织之间的责任关系外显化和清晰化，能够有效帮助员工与组织建立更加匹配的心理契约，缓解员工负面情绪，从而促使员工心理契约修复。失望和懊悔与众利式建言在心理契约破裂与心理契约修复之间发挥链式中介作用。另外，员工在压力下能否进行有效的自我调节与其自身在组织中的状态有关。员工战略共识作为员工在组织中的认知资源，对于员工进行有效的情绪调节发挥重要作用。员工战略共识不仅正向调节心理契约破裂与失望和懊悔的关系，并且正向调节心理契约破裂通过失望和懊悔与众利式建言影响心理契约修复的间接效应。战略共识水平高的员工基于对组织长期发展战略的理解和认同，更可能将自身工作目标与组织战略紧密结合，形成与组织的共同体意识，员工更易将组织与自身作为利益共同体来分析心理契约破裂事件，认为契约双方都应对心理契约破裂负有责任，从而更易产生对组织感到失望和对自身感到懊悔的负面情绪，进而采取同时考虑组织利益和自身利益的众利式建言行为，帮助心理契约修复。

本研究基于自我调节理论，认为心理契约破裂后员工会出现积极的建言行为。然而，心理契约破裂也会导致员工出现破坏性建言行为（张璇等，2017）。这可能涉及对心理契约破裂的反应是即时的还是延迟的、暂时的还是永久性的研究，这也是目前心理契约研究中尚未深入研究的一个主题（Rousseau et al.，2018）。从本章的问卷调查研究中调查对象填写问卷的时间间隔来看，本研究提出的积极的众利式建言行为可能是员工对心理契约破裂所做出的延迟反应，因此，本研究可以被视为对心理契约破裂后出现延迟的行为反应的初步探讨。

第五章和第六章分别从认知调节和“情绪—行为”调节两条路径探索员工心理契约破裂后通过挑战性评价路径、失望和懊悔以及众利式建言路径修复心理契约的机制，突出了员工在心理契约动态发展中扮演的积极主动的角色，丰富了动态心理契约研究。

7 研究结论与展望

7.1 研究结论

本研究基于自我调节理论和认知评价理论，研究员工心理契约破裂后的修复机制。根据自我调节理论，个体感知到现实与参照标准之间存在差异时，会采取改变认知和改变行为的方式进行调节，并且个体行为的调节受情绪的影响。因此，本研究提出员工心理契约破裂后会通过“认知调节”和“情绪—行为调节”来修复心理契约。通过两项多阶段的问卷调查和一项实验对研究假设进行验证。研究假设检验表如表 7.1 所示，研究结论主要包括以下几点。

第一，员工对导致心理契约破裂的事件同时形成挑战性评价和阻碍性评价。一方面，心理契约破裂后，员工会积极解读导致心理契约破裂的事件，关注破裂事件中潜在的教育意义，将心理契约破裂视为促进自我成长的机会，因而对心理契约破裂形成挑战性评价。另一方面，心理契约破裂后，员工感受到自身利益受到损害，其作为组织员工的角色受到质疑，自尊受到伤害，对自身在组织中的职业发展产生负面影响，因而对心理契约破裂产生阻碍性评价。这说明，在心理契约破裂后，员工能够理性分析心理契约破裂对自身的影响，主动对心理契约破裂进行意义构建，形成对心理契约破裂相对全面的认知评价。

第二，员工心理契约破裂后会产生失望和懊悔的情绪。员工就心理契约破裂事件对自身产生的负面影响进行分析，从而产生不满的负面情绪。在对心理契约破裂进行进一步归因分析之后，员工认为组织和自身作为契约的双方，对心理契约破裂都应负有责任，从而产生具有指向性和社交功能的情绪，即对组织感到失望和对自身感到懊悔的负面情绪。员工对自身责任的内省式归因充分体现了员工在其与组织的雇佣关系中的责任感知，体现了员工在心理契约动态变化中扮演着积极的角色。

第三，员工心理契约破裂后会采取多种应对策略帮助心理契约修复。挑战性评价是员工通过“认知调节”对心理契约破裂做出的积极的认知应对策略，众利式建言是员工通过“情绪—行为调节”对心理契约破裂做出的具有积极适应性功能的行为应对策略。挑战性评价与众利式建言都能够有效促进员工心理契约修复。

第四，员工心理契约破裂后会出现负面情绪和负面评价，但未必做出负面行为。研究表明，员工在心理契约破裂后会产生负面情绪，然而这种负面情绪并没有使员工做出具体的负面行为。第五章的补充研究表明，员工心理契约破裂后产生阻碍性评价，但是阻碍性评价与员工负面工作行为（工作退缩行为）之间不存在正相关关系。这说明，心理契约破裂后，员工在做出具体的负面行为时更加谨慎。相反，在追求自身利益的动机驱动和对负面行为可能对自身以及其与组织之间的雇佣关系产生不利影响的认知评价基础上，员工会做出有利于目标达成且更具有策略性的众利式建言行为，并由此带来更加积极的调节结果，即心理契约修复。

第五，员工战略共识能够帮助员工进行有效的自我调节，从而达到理想的调节结果。本研究发现，员工战略共识不仅正向调节心理契约破裂通过挑战性评价影响心理契约修复的间接效应，而且正向调节心理契约破裂通过失望和懊悔以及众利式建言影响心理契约修复的链式中介效应。员工战略共识是员工对组织战略的理解和认同，属于员工在组织中的认知资源。员工战略共识不仅能够帮助员工进行积极的认知评价，提高挑战性评价在心理契约破裂和心理契约修复之间的中介效应，而且能够促使个体进行有效的情绪调节，在员工做出有利于目标达成的积极的适应性行为的过程中发挥着重要作用。

研究假设检验汇总如表 7.1 所示。

表 7.1　研究假设检验汇总

假设序号	研究假设	假设检验
假设 1	心理契约破裂正向影响挑战性评价	支持
假设 2	挑战性评价正向影响心理契约修复	支持
假设 3	挑战性评价在心理契约破裂和心理契约修复之间发挥中介作用	支持

续表

假设序号	研究假设	假设检验
假设 4	员工战略共识正向调节心理契约破裂与挑战性评价的关系，当员工战略共识水平越高时，心理契约破裂对挑战性评价的正向影响越强	支持
假设 5	员工战略共识正向调节心理契约破裂通过挑战性评价对心理契约修复的影响，即员工战略共识水平越高，心理契约破裂通过挑战性评价对心理契约修复的影响越强	支持
假设 6	心理契约破裂正向影响失望和懊悔	支持
假设 7	心理契约破裂正向影响众利式建言	支持
假设 8	失望和懊悔情绪正向影响众利式建言	支持
假设 9	失望和懊悔在心理契约破裂和众利式建言之间发挥中介作用	支持
假设 10	众利式建言正向影响心理契约修复	支持
假设 11	众利式建言在心理契约破裂和心理契约修复之间发挥中介作用	支持
假设 12	失望和懊悔、众利式建言在心理契约破裂对心理契约修复的间接影响中发挥链式中介作用	支持
假设 13	员工战略共识正向调节心理契约破裂对失望和懊悔的影响，即员工战略共识水平越高，心理契约破裂越可能引发失望和懊悔的情绪	支持
假设 14	员工战略共识正向调节心理契约破裂，通过失望和懊悔以及众利式建言对心理契约修复产生间接影响，即员工战略共识水平越高时，心理契约破裂越能引发员工失望和懊悔情绪，进而促使员工做出众利式建言行为，促进员工心理契约修复	支持

7.2 理论贡献

组织中关系破裂后如何修复这个问题一直受到研究者和管理者的关注（Dirks et al.，2009；Olekalns et al.，2020）。本研究揭示了员工心理契约破裂后在内在标准和自我反应影响下的自我调节机制的心理契约修复过程。员工心理契约破裂后的修复过程，其实是员工自身在与组织的互动过程中与组织形成积极的适应性机制的过程，其目标在于保障自身在组织中的生存与发展。员工在心理契约破裂后会采取认知上、情绪上以及行为上的应对策略，形成对心理契约破裂的适应性反应。该应对策略主要在自我调整、问题解决以及情绪缓解三个方面发挥适应性功能，帮助员工明晰其与组织之间的责任与义务关系，与组织建立匹配的雇佣关系，促进心理契约修复。本研究绘制了员工心理契约破裂后的修复过程理论图，如图 7.1 所示。

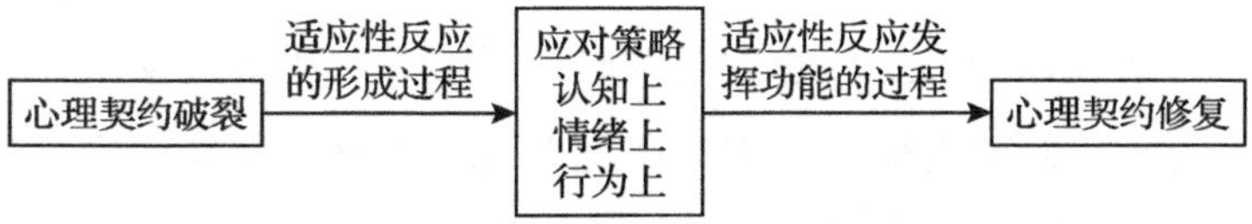

图 7.1 员工心理契约破裂后的修复过程理论图

本研究的主要理论贡献包括以下几个方面。

第一，本研究基于自我调节理论和认知评价理论，突出员工在应对心理契约破裂过程中扮演的主动角色，从员工视角揭示了员工心理契约破裂后的修复机制，丰富了心理契约动态性特征的研究。现有关于心理契约破裂的研究大多认为，员工心理契约破裂会引发心理契约违背，促使员工做出负面行为，导致其心理契约损伤或失效。这种关于心理契约“形成—维持—破裂—损伤或失效”的链式研究将员工视为被动应对心理契约破裂的接受者。心理契约是员工在其与组织的互动过程中形成的对其与组织之间的责任关系的期待和认知系统，员工认知在心理契约变化中发挥着重要作用。本研究基于自我调节理论和认知评价理论，突出员工在心理契约破裂后的积极、主动应对的作用，认为员工在认知调节和追求自身利益的动机驱动下会做出积极的认知和行为反应，即对心理契约破裂形成挑战性评价和众利式建言行为，从而帮助员工修复心理契约。Bankins（2015）将员工视为在遭遇心理契约破裂时主动评价、意义构建并积极思考行为应对策略的一方，认为员工在心理契约中扮演着主动调整和适应的角色，从而促进心理契约的动态发展。

第二，本研究基于自我调节理论，认为众利式建言是员工在环境刺激下做出的具有积极意义的适应性行为，在一定程度上深化和丰富了组织中建言的内涵以及对建言对员工意义的研究。当前大多数研究将建言定义为员工为了组织的发展提出与工作相关的建议或意见的行为，认为建言是员工的角色外或组织公民行为，建言会给员工带来一定的风险（Dyne & LePine，1998；罗瑾琏等，2022）。本研究通过对员工建言的不同动机的分析，认为当员工自身利益受到损害或受到不公平对待时，为了改变现状，员工选择众利式建言行为，这是员工在感知外界环境的刺激后进行自我调节时对环境做出的适应性反应。这与段锦云和魏秋江（2012）认为建言属于员工自我调节系统的观点相吻合，也呼应了 Maynes 和 Podsakoff（2014）对于组织中建言的不同内涵的研究。

第三，本研究认为员工在心理契约破裂后会采取积极的反应，丰富了对心理契约破裂对员工影响的研究。现有研究普遍基于社会交换理论，认为心理契约破裂会引发员工负面态度和行为（Griep et al.，2021；Zacher & Rudolph，2020；Zhao et al.，2007）。社会交换理论借助斯金纳强化心理学"刺激—反应"的观点（Emerson，1976），认为心理契约破裂后，员工在外部负面事件的刺激下会出现相应的消极反应，为心理契约破裂后员工出现负面反应的研究提供了理论支撑。但该理论忽视了员工认知调节作用。心理契约是员工的认知过程（Rousseau et al.，2018），员工的自我调节贯穿于心理契约动态发展的全过程（Rousseau，2010）。本研究基于自我调节理论和认知评价理论，强调员工认知在改变员工对心理契约破裂的评价、调节员工情绪和控制员工行为等方面发挥着主要的作用，认为员工在心理契约破裂后在追求自身利益动机的驱动下，会做出积极的挑战性评价和众利式建言行为，丰富了对心理契约破裂对员工影响的研究。

第四，本研究认为心理契约破裂会引发员工负面情绪和积极行为，这深化了自我调节理论中对情绪和行为之间关系的理解。一般认为，个体情绪主要通过在情绪产生之初对现状的重新评估和在情绪产生之后的抑制两种方式来调节负面情绪（Gross，2002），并且负面情绪通常与消极行为相关（Kuvaas et al.，2014）。本研究认为，在追求自身利益动机的驱动下，员工的失望和懊悔情绪会引发积极的众利式建言行为。也就是说，员工的负面情绪可能引发自身积极行为以解决引发负面情绪的问题并调节负面情绪。这说明，在工作场所中，员工更倾向于采取更加冷静、更具有战略性的行为来调节负面情绪，并由此带来更加积极的自我调节结果。

第五，本研究探索了员工战略共识对组织与员工之间雇佣关系的影响，丰富了对员工战略共识影响的研究。员工战略共识作为员工在组织中的认知资源，对其影响的研究大多集中在提升组织绩效和员工行为上（于海云等，2022）。本研究发现，员工战略共识不仅能够帮助员工对心理契约破裂形成积极的挑战性评价，并且能够调节员工心理契约破裂后的负面情绪的类型和程度，帮助员工产生具有指向性和社交意义的失望和懊悔情绪，促进员工进行有效的自我调节，从而有利于员工心理契约的修复，扩充了对员工战略共识影响的研究范畴。

7.3　管理启示

契约是自由社会的产物，规定了契约双方的责任和义务，从而保障了契约双方的利益（Rousseau，1995）。契约一旦建立，便成为契约双方的行为参照标准。在当前VUCA时代，企业对员工的要求随着外部环境的不断变化而发生变化，企业原本对员工做出的承诺可能因各种因素而难以兑现。当员工因感知到企业未能兑现承诺而产生心理契约破裂时，可能引发一系列负面行为（付晔和钟熙，2020；余传鹏等，2022；钟熙等，2020），员工绩效下降对员工和组织产生不利影响（Zhao et al.，2007）。鉴于此，员工心理契约破裂后修复心理契约显得尤为重要，尤其是在当前VUCA时代，组织与员工尤其需要建立高质量的契约关系，既要对彼此做出承诺、承担相应的责任、保障彼此的利益，同时也要保持一定的应变和抗压能力，以适应组织内部和外部环境的变化所带来的冲击。本研究通过对员工心理契约破裂后的修复研究，剖析员工心理契约破裂后通过认知、情绪和行为等方面的调节，采取相应的应对策略，帮助员工修复心理契约，使员工与组织之间的雇佣关系恢复到心理契约破裂前的状态，保障组织和员工的利益，维护组织的正常运转，提高企业在VUCA时代的生存能力、适应能力和发展能力，有助于企业实现高质量创新发展。具体而言，本研究带来的管理启示包括以下方面。

第一，重视员工情绪以及情绪调节的价值，提高员工的情绪调节能力。本研究发现，员工在心理契约破裂后能够通过控制负面情绪的类型、程度以及情绪的调节行为，对负面事件进行正面处理，从而产生积极的众利式建言行为。因此，管理者可以提升员工的自我调节和情绪管理能力。管理者可以通过课程培训、案例讲解等方式对情绪的产生、类型、感受以及情绪的行为调节等内容进行分析，帮助员工正确认识和管理情绪。另外，组织还应协助员工理性、客观地分析引起负面情绪的原因，提供可能的解决方案，营造互爱互助的良好氛围。领导者还应以身作则，通过榜样的力量影响和强化员工的自我调节能力，提高员工在组织中的生存和适应能力，努力让情绪服务于有意义的目标。

第二，鼓励员工确立弹性工作目标，帮助员工在工作中体会追求目标所带来的掌控感和满足感。本研究发现，员工在心理契约破裂后会对自身能力、在企业中的角色等方面进行反思，调整自身在组织中的工作目标，从而与组织建立更加匹配的雇佣关系，促进心理契约修复。企业员工的多数行为属于自我管理，员工的内在管理和个体目标对于员工来说非常重要。因此，管理者应鼓励员工确立弹性而丰富的工作目标。在长远目标规划下，员工应设定阶段性的小目标。通过阶段性小目标的实现，员工感受到在组织中的学习和成长，由此产生的对实现目标过程的掌控感能够有效缓解负面事件给员工带来的负面影响，帮助员工积极应对可能出现的负面事件，提高员工的抗压能力和适应能力。

第三，管理者应洞察员工建言背后的动机，妥善对待员工的建言。本研究发现，心理契约破裂之后，员工为了改变现状并试图修复心理契约，会选择积极的众利式建言行为。该行为包含着对自身利益的诉求，建言能够帮助员工更正自身已经偏离的组织使命或任务，而不是退出组织，这对组织和员工都有积极作用。因此，管理者应重视员工建言的内容，辨明员工建言背后的动机和目的，对造成员工心理契约破裂的事件保持警惕，并及时与员工进行有效沟通，妥善处理事件，帮助员工修复心理契约，从而使雇佣关系朝着积极、健康的方向发展。一方面，管理者可制定相应的制度为员工多渠道、多形式的建言提供政策支持和便利，同时保护建言者的隐私，为员工建言行为保驾护航；另一方面，管理者应对员工建言的内容做出相应的回应和落实，使员工感受到其在组织中的存在感、参与感和建言对组织的意义，充分调动和发挥员工的积极主动性，保持组织与员工之间良好的信息沟通。

第四，鼓励员工从积极视角对待负面事件，提高员工应对负面事件的能力。本研究发现，员工心理契约破裂后，通过对导致心理契约破裂的事件进行挑战性评价，有利于促进心理契约修复。挑战性评价是员工从压力中汲取潜在的机会和经验从而对压力形成的积极评价。管理者可营造一个组织与员工彼此深度理解、组织充分尊重员工的工作环境，培养员工正面思维。管理者应鼓励员工正视工作中的问题，理性思考，从负面事件中吸取经验教训，而不是陷于其中无法自拔。管理者还可鼓励员工从长远视角树立目标，向员工提供学习和培训的机会，提高员工工作技能和解决问题的能力，帮助员工从积极视角分析和应对负面事件。

第五，提高员工对组织战略的理解和认同，鼓励员工将自身职业规划与企业战略发展紧密联系。本研究发现，员工战略共识不仅能够帮助自身对负面事件形成积极的挑战性评价，还能够调节其在负面事件发生后产生的情绪的强度和类型，从而达成理想的心理契约修复效果。因此，管理者应注重企业长期战略发展规划对员工的积极影响，加深员工对企业战略的理解，提高员工的战略共识。在制定企业战略之前，应充分动员员工，邀请员工积极参与行业调查和形势分析。在制定企业战略时，与员工充分沟通与交流。企业战略制定之后，组织应向员工充分解释战略目标、实施计划等内容，鼓励员工将自身职业发展规划与企业战略紧密结合，形成“员工—组织共同体”意识，与员工一道面对工作中的问题，实现员工和组织共同成长的目标。

第六，本研究从员工视角分析心理契约破裂后的修复机制，为组织无法提供修复策略或无法提供组织支持时帮助员工心理契约修复提供指导。在数字经济时代，零工经济的发展突破了传统的科层制组织的边界，新的雇佣关系出现，员工与组织之间的关系更加灵活，员工心理契约破裂不易被组织察觉。因此，在日常管理中，管理者应加强员工认知、情绪和行为自我调节能力的管理和培训。另外，当组织处于变革时期或无法提供员工需要的组织支持时，可以加强员工与组织的战略共识来强化员工的自我调节能力，提高员工与组织之间的雇佣关系的抗压能力和适应力，实现企业和员工共同发展的目标。

7.4 研究的局限与展望

本研究的局限性主要体现在以下几个方面。

第一，本研究基于单一事件对心理契约破裂展开研究，认为基于单一事件的心理契约破裂能够得到修复，忽视了对多事件导致的心理契约破裂后的修复研究，或者能否得到修复的研究。工作场所中的自我调节有其独特性，员工的工作任务具有相互关联性（Lord et al.，2010）。Wiechers 等（2022）认为，工作中相互关联的刺激事件（interconnected triggers）产生的心理契约破裂会引发员工负面情绪和负面应对行为。员工对第一次发生的负面事件或单个负面事件可能做出积极的应对策略，但是如果某个负面事件重复发生，或者多件负面事件连续发生，员工心理契约能否得到修复还需进一步分析。虽然本研究基于单一事件对心理契约破裂展开研究，有助于揭示心理契约的动态性特征，但是关于综合考虑心理契约破裂对员工的影响以及心理契约的变化过程，仍需进一步的理论探索和实证分析。

第二，本研究基于自我调节理论和认知评价理论，揭示了心理契约破裂后的修复过程，突出了员工在应对心理契约破裂过程中扮演的主动角色，忽视了组织因素对这一修复过程的影响。员工和组织共同努力是心理契约修复的关键（Tomprou et al.，2015）。过错一方承认错误能引发另一方情感上的亲密，过错方承担引起冲突的责任可能引发另一方的积极情感，关系更有可能得到修复（Olekalns et al.，2020）。同理心（empathy）和道歉更能直接帮助关系修复（Olekalns et al.，2020）。心理契约破裂后，组织采取的完全补偿、部分补偿、否认、道歉等修复策略能够有效提升员工对组织的信任并减轻员工的负面情绪（Henderson et al.，2020）。个体自我调节过程受到环境因素的影响，组织中的反馈环境会影响个体自我调节（Lord et al.，2010）。因此，未来研究可综合考虑员工自我调节、组织环境以及组织修复策略对员工心理契约修复的影响。另外，自我调节涉及个体认知、情感和神经科学领域的综合知识（Lord et al.，2010），未来研究可从神经科学的视角进一步探索员工心理契约破裂后的修复过程，以全面深化对心理契约动态性特征的认识。

第三，本研究忽视了对导致心理契约破裂的事件的性质对心理契约修复机制影响的研究。本研究基于导致心理契约破裂的具体事件对心理契约破裂进行测量，但未对破裂事件的性质进行测量。导致心理契约破裂的事件的严重性和重要性的差异，影响员工应对策略的选择，进而影响心理契约的修复机制。并且，不同类型的心理契约破裂（如交易型心理契约破裂和关系型心理契约破裂）的修复机制也不尽相同。未来研究可通过心理契约破裂事件的性质进行更深入的分析。例如，事件系统理论指出，事件的新颖性、关键性和颠覆性程度越高，就越能引起行为上的变化（Morgeson et al.，2015）。未来研究可测量心理契约破裂事件的关键性、颠覆性和新颖性，具体分析心理契约破裂事件的性质对员工认知、情绪和行为的影响，以及对心理契约修复机制的影响，以丰富对员工心理契约破裂后的修复机制的研究。

参考文献

[1] 白艳莉. 工人群体心理契约违背下的劳资冲突形成机制多案例研究［J］. 软科学，2015，29（1）：82-86.

[2] 蔡文著，杨慧. 农产品营销中心理契约治理机制模型与测量研究——基于江西省农户的调研［J］. 当代财经，2016，382（9）：77-87.

[3] 陈加州，凌文辁，方俐洛. 企业员工心理契约的结构维度［J］. 心理学报，2003，35（3）：404-410.

[4] 陈思，李锡元，陆欣欣. 基于调节焦点作用的员工建言行为动机研究［J］. 管理学报，2016，13（4）：551-559.

[5] 代同亮，董华，雷星晖. 源于挑战还是霸凌：职场压力对破坏性建言行为作用机制研究［J］. 管理评论，2022，34（7）：246-254.

[6] 段锦云，魏秋江. 建言效能感结构及其在员工建言行为发生中的作用［J］. 心理学报，2012，44（7）：972-985.

[7] 段锦云，梁凤华，曹莹. 自我调节理论的产生背景、理论内容及其应用［J］. 景德镇学院学报，2017，32（5）：67-75.

[8] 付晔，钟熙. 心理契约破裂、领导信任与员工知识分享——以马基雅维利主义为调节［J］. 科技进步与对策，2020，37（4）：147-152.

[9] 高中华. 平台化转型中员工主动变革行为激发机制研究——战略共识的调节作用［J］. 经济管理，2023，45（8）：106-122.

[10] 郭心毅，谢家智. 心理契约违背对员工行为态度的影响：公平敏感性的调节效应［J］. 现代管理科学，2016，3：112-114.

[11] 郭婷婷，李宝库. 顾客心理契约破裂及其修复策略——基于网络购物服务失误情境［J］. 经济与管理，2019，33（6）：50-57.

[12] 黄再胜.战略共识理论研究述评［J］.外国经济与管理，2010，32（3）：11–17+39.

[13] 黄再胜.企业员工战略共识及其影响因素的实证研究［J］.南开管理评论，2011，14（4）：32–41+79.

[14] 贾天兵，刘思峰，张华明，等.基于组织变革的交易心理契约重建研究［J］.数学的实践与认识，2018，48（13）：26–32.

[15] 姜福斌，王震.压力认知评价理论在管理心理学中的应用：场景、方式与迷思［J］.心理科学进展，2022，30（12）：2825–2845.

[16] 李晓明，邹是，高友明.失望情绪在不作为惯性产生中的作用［J］.心理科学进展，2021，29（8）：1396–1401.

[17] 李方君，王舒曼，李爱梅，等.群体信息加工视角下团队建言有效性及作用机制：建言数量与质量的影响［J］.心理科学进展，2019，27（6）：965–974.

[18] 李燚，魏峰，任胜钢.组织心理契约违背对管理者行为的影响［J］.管理科学学报，2006，9（5）：88–96.

[19] 李原，孙健敏.雇用关系中的心理契约：从组织与员工双重视角下考察契约中“组织责任”的认知差异［J］.管理世界，2006，11：101–110+151.

[20] 李志刚，李兴旺.蒙牛公司快速成长模式及其影响因素研究——扎根理论研究方法的运用［J］.管理科学，2006，19（3）：2–7.

[21] 梁荣成，王必好.阻碍性压力对员工知识隐藏的影响——来自知识型员工的证据［J］.企业经济，2022，41（8）：79–88.

[22] 刘淑桢，叶龙，郭名.工作不安全感如何成为创新行为的助推力——基于压力认知评价理论的研究［J］.经济管理，2019，41（11）：126–140.

[23] 卢红旭，段锦云，刘艳彬.建言行为的理论机制及未来研究展望［J］.心理科学，2020，43（5）：1235–1242.

[24] 罗瑾琏，李树文，梁阜.领导者情绪智力一致性对员工建言影响的路径与边界［J］.管理评论，2022，34（3）：198–208.

[25] 孟昭兰.当代情绪理论的发展［J］.心理学报，1985，2：209–215.

[26] 马骊，康永征，廖启云.心理契约视域下新生代员工的组织行为选择——基于演化博弈模型的系统分析［J］.系统科学学报，2021，29（3）：97–103.

[27] 马旭军，宗刚.心理契约破裂内涵及构成研究［J］.经济问题，2015，7：13–18.

[28] 秦昕，鞠冬.破镜能否重圆？承诺破坏和承诺恢复对心理契约及高管信任的影响［J］.中大管理研究，2011，6（4）：1–25.

［29］欧阳晨慧，朱永跃，过旻钰．双元领导与“建言悖论”：一项跨层次研究［J］．管理评论，2022，34（8）：229–242.

［30］索涛，冯廷勇，王会丽，等．后悔的认知机制和神经基础［J］．心理科学进展，2009，17（2）：334–340.

［31］孙瑾，陈晨．“自我”还是“他人”——绿色广告诉求有效性研究［J］．南开管理评论，2023，26（2）：4–16.

［32］魏虹，陈传明．企业家社会资本对利益相关者战略共识的影响分析［J］．南京社会科学，2013，10：21–28.

［33］魏峰，贝玉莲，刘宇．基于 CSSCI 文献计量分析的国内心理契约研究知识图谱与研究热点评述［J］．管理学报，2017，14（9）：1414–1420.

［34］魏峰，张文贤．国外心理契约理论研究的新进展［J］．外国经济与管理，2004，26（2）：12–16+27.

［35］魏峰，李燚，卢长宝，等．心理契约破裂、管理欺凌与反生产行为关系研究［J］．管理科学学报，2015，18（3）：52–63.

［36］王炳成，赵静怡，王滋承．消极互惠：心理契约违背对商业模式创新的影响机理研究——一个有调节的中介模型［J］．管理工程学报，2022，36（1）：73–82.

［37］王永跃，段锦云．人力资源实践对员工创新行为的影响：心理契约破裂的中介作用及上下级沟通的调节作用［J］．心理科学，2014，37（1）：172–176.

［38］王永跃，朱玥，王铜安．心理契约破裂、工作满意度与建言行为：神经质的调节作用［J］．心理科学，2013，36（6）：1459–1463.

［39］王涛，占小军，杨维．VUCA 时代的韧性领导：研究述评与展望［J］．外国经济与管理，2023，45（2）：3–21.

［40］王静．并购过程中员工心理契约双环修复模型研究［J］．重庆大学学报（社会科学版），2013，19（4）：85–91.

［41］王佳燕，蓝媛美，李超平．二元工作压力与员工创新关系的元分析［J］．心理科学进展，2022，30（4）：761–780.

［42］徐岩，胡斌，王元元，等．基于随机尖点突变理论的心理契约研究［J］．管理科学学报，2014，17（4）：34–46.

［43］杨付，刘军，张丽华．精神型领导、战略共识与员工职业发展：战略柔性的调节作用［J］．管理世界，2014，10：100–113+171+187–188.

［44］杨杰，凌文辁，方俐洛．心理契约破裂与违背刍议［J］．暨南学报（哲学社会

科学版），2003a，25（2）：58-64.
[45] 杨杰，凌文辁，方俐洛．论管理学中心理契约的界定与形成过程［J］．学术研究，2003b，10：38-42.
[46] 余传鹏，邝颖琪，姜红梅，等．心理契约破裂对旅游企业员工知识隐藏的影响机制［J］．旅游学刊，2022，37（11）：130-144.
[47] 于海云，许希，商燕劼．创业激情能够激发员工的创造力吗？基于情绪与认知的双重机制研究［J］．科技管理研究，2022，42（7）：153-162.
[48] 占小军，曹元坤，李志成．心理契约破裂与顾客不文明行为：基于自控视角［J］．管理评论， 2017，29（10）：132-142.
[49] 张璇，龙立荣，夏冉．心理契约破裂与破坏性建言行为：自我损耗的视角［J］．管理科学，2017，30（3）：3-13.
[50] 赵莉，许爽，刘平青，等．职场精神力如何影响知识型员工合作行为——基于战略共识和目标互依性的视角［J］．科技进步与对策，2023，40（22）：152-160.
[51] 周浩．主管为何偏爱某些下属的建言：基于亲、忠、才与信任视角的分析［J］．管理评论，2021，33（9）：187-197.
[52] 郑子林．知识型员工心理契约违背的影响及预防措施探析［J］．管理世界，2014，4：1-4.
[53] 钟熙，王甜，宋铁波，等．心理契约破裂会引致员工非伦理行为吗？——基于道德推脱的中介作用和马基雅维利主义的调节作用［J］．管理工程学报，2020，34（6）：38-45.
[54] 周湾湾，古茜茜，李伟丽，等．工作重塑何以成为员工应对辱虐管理的手段？基于压力认知评估的理论视角［J］．中国人力资源开发，2023，40（4）：21-34.
[55] 朱学红，胡艳，黄健柏，等．科技创新团队心理契约的违背与重建［J］．预测，2007，26（6）：14-21.
[56] 朱晓妹，王重鸣．中国背景下知识型员工的心理契约结构研究［J］．科学学研究，2005，23（1）：118-122.
[57] Ahmad R., Nauman S., Malik S. Z. Tyrannical leader, machiavellian follower, work withdrawal, and task performance: Missing links in construction projects［J］. Journal of Construction Engineering and Management，2022，148（7）：12.
[58] Ambrosini V., Bowman C. Managerial consensus and corporate strategy［J］. European Management Journal，2003，21（2）：213-221.

[59] Argyris C. Understanding organizational behavior [M] . Homewood: The Dorsey Press, Inc., 1960.

[60] Arnold M. B. Emotion and personality (2 vols.) [M] . New York: Columbia University Press, 1960.

[61] Bal P. M., Lange A. H. D., Jansen P. G. W., et al. Psychological contract breach and job attitudes: A meta-analysis of age as a moderator [J] . Journal of Vocational Behavior, 2008, 72 (1): 143–158.

[62] Bandura A. Social cognitive theory of self-regulation [J] . Organizational Behavior and Human Decision Processes, 1991, 50: 248–287.

[63] Bandura A. Self-efficacy: The exercise of control [M] . New York: W. H. Freeman, 1997.

[64] Bankins S. A process perspective on psychological contract change: Making sense of, and repairing, psychological contract breach and violation through employee coping actions [J] . Journal of Organizational Behavior, 2015, 36 (8): 1071–1095.

[65] Baruch Y., Rousseau D. M. Integrating psychological contracts and ecosystems in career studies and management [J] . Academy of Management Annals, 2019, 13 (1): 84–111.

[66] Baumeister R. F. Ego depletion and self-control failure [J]. Self and Identity, 2002, 1: 129–136.

[67] Beal D. J., Weiss H. M., Barros E., et al. An episodic process model of affective influences on performance [J] . Journal of Applied Psychology, 2005, 90 (6): 1054–1068.

[68] Botha L., Steyn R. Psychological contracts and employee voice: Does breach matter? [J]. African Journal of Employee Relations, 2023, 11901: 1–33.

[69] Bourgeois L. J. Performance and consensus [J] . Strategic Management Journal, 1980, 1 (3): 227–248.

[70] Brockner J. The effects of work layoffs on survivors: Research, theory, and practice [M] . In Staw B. M. & Cummings L. L. (Eds.) . Research in Organizational Behavior, Greenwich: JAI Press, 1988, 10: 213–255.

[71] Brown J. M., Miller W. R., Lawendowski L. A. The self-regulation questionnaire [M] . In VandeCreek L. & Jackson T. L. (Eds.) . Innovations in Clinical Practice: A Source

Book, Sarasota: Professional Resource Press. 1999, 17: 281–289.

[72] Carver C. S., Scheier M. F. Origins and functions of positive and negative affect: A control–process view [J]. Psychological Review, 1990, 97 (1): 19–35.

[73] Bulman R. J., Wortman C. B. Attributions of blame and coping in the "real world": Severe accident victims react to their lot [J]. Journal of Personality and Social Psychology, 1977, 35 (5): 351–363.

[74] Burgess R., Colquitt J. A., Long E. C. Longing for the road not taken: The affective and behavioral consequences of forgone identity dwelling [J]. Academy of Management Journal, 2022, 65 (1): 93–118.

[75] Carver C. S., Scheier M. F. On the self–regulation of behavior [M]. Cambridge: Cambridge University Press, 1998.

[76] Carver C. S., Connor–Smith J. Personality and coping [J]. Annual Review of Psychology, 2010, 61: 679–704.

[77] Chen Z. X., Tsui A. S., Zhong L. Reactions to psychological contract breach: A dual perspective [J]. Journal of Organizational Behavior, 2008, 29: 527–548.

[78] Chen L., Tang K. Adapting to frequent changes: The roles of job crafting and personal needs [J]. The Journal of Applied Behavioral Science, 2021, 58 (3): 417–441.

[79] Cunningham I. Drawing from a bottomless well? Exploring the resilience of value–based psychological contracts in voluntary organizations [J]. The International Journal of Human Resource Management, 2010, 21 (5): 699–719.

[80] Dalal R. S., Lam H., Weiss H. M., et al. A within–person approach to work behavior and performance: Concurrent and lagged citizenship–counterproductivity associations, and dynamic relationships with affect and overall job performance [J]. Academy of Management Journal, 2009, 52: 1051–1066.

[81] Dess G. G., Priem R. L. Consensus–performance research: Theoretical and empirical extensions [J]. Journal of Management Studies, 1995, 32 (4): 401–417.

[82] Dess G. G. Consensus on strategy formulation and organizational performance: Competitors in a fragmented industry [J]. Strategic Management Journal, 1987, 8(3): 269–277.

[83] Detert J. R., Burris E. R. Leadership behavior and employee voice: Is the door really open? [J]. Academy of Management Journal, 2007, 50 (4): 869–884.

[84] Dirks K. T., Lewicki R. J., Zaheer A. Repairing relationships within and between organizations: Building a conceptual foundation [J] . Academy of Management Reviews, 2009, 34 (1): 68~84.

[85] Drach–Zahavy A., Erez M. Challenge versus threat effects on the goal–performance relationship [J] . Organizational Behavior and Human Decision Processes, 2002, 88: 667–682.

[86] Dulac T., Coyle–Shapiro J., Henderson D. J., et al. Not all responses to breach are the same: The interconnection of social exchange and psychological contract processes in organizations [J] . Academy of Management Journal, 2008, 51: 1079–1098.

[87] Dyne L. V., LePine J. A. Helping and voice extra–role behaviors: evidence of construct and predictive validity [J] . The Academy of Management Journal, 1998, 41 (1): 108–119.

[88] Edmondson A. C. Speaking up in the operating room: How team leaders promote learning in interdisciplinary action teams [J] . Journal of Management Studies, 2003, 40 (6): 1419–1452.

[89] Emerson R. M. Social exchange theory [J]. Annual Review of Sociology, 1976, 2(1): 335–362.

[90] Farrell D. Exit, voice, loyalty, and neglect as responses to job dissatisfaction: A multidimensional scaling study [J] . The Academy of Management Journal, 1983, 26 (4): 596–607.

[91] Floyd S. W., Wooldridge B. Managing strategic consensus: The foundation of effective implementation [J] . Academy of Management Executive, 1992, 6 (4): 27–39.

[92] Folkman S., Lazarus R. S., Dunkel–Schetter C., et al. Dynamics of a stressful encounter: Cognitive appraisal, coping, and encounter outcomes [J] . Journal of Personality and Social Psychology, 1986, 50 (5): 992–1003.

[93] Frijda N. H. The emotions [M] . Cambridge: Cambridge University Press, 1986.

[94] Gaensbauer T. J. Regulation of emotional expression in infants from two contrasting caretaking environments [J] . Journal of the American Academy of Child Psychiatry, 1982, 21: 163–170.

[95] Garner J. T., Garner L. T. Volunteering an opinion: Organizational voice and volunteer retention in nonprofit organizations [J] . Nonprofit and Voluntary Sector Quarterly,

2011，40（5）：813–828.

[96] Gerich J. The relevance of challenge and hindrance appraisals of working conditions for employees' health [J] . International Journal of Stress Management，2017，24（3）：270–292.

[97] Gerich J.，Weber C. The ambivalent appraisal of job demands and the moderating role of job control and social support for burnout and job satisfaction [J] . Social Indicators Research，2020，148（1）：251–280.

[98] Gollwitzer P. M. Action phases and mind–sets [M] . In Higgins E. T.，Sorrentino R. M.（eds.）. Handbook of Motivation and Cognition Foundations of Social Behavior Vol 2，New York：The Guilford Press，1990：53–92.

[99] Gorden W. I.，Infante D. A.，Graham E. E. Corporate conditions conducive to employee voice：A subordinate perspective [J] . Employee Responsibilities and Rights Journal，1988，1（2）：101–111.

[100] Graham S. An attributional theory of motivation [J] . Contemporary Educational Psychology，2020，61：101861.

[101] Griep Y.，Bankins S.，Elst T. V.，et al. How psychological contract breach affects long–term mental and physical health：The longitudinal role of effort–reward imbalance [J] . Applied Psychology Health and Well–Being，2021，13（10）：1–19.

[102] Gross J. J. The emerging field of emotion regulation：An integrative review [J] . Review of General Psychology，1998a，2（3）：271–299.

[103] Gross J. J. Antecedent–and response–focused emotion regulation：Divergent consequences for experience，expression，and physiology [J] . Journal of Personality and Social Psychology，1998b，74（1）：224–237.

[104] Gross J. J. Emotion regulation：Affective，cognitive，and social consequences [J] . Psychophysiology，2002，39（3）：281–291.

[105] Hagedoorn M.，Yperen N. W. V.，Vliert E. V. D.，et al. Employees' reactions to problematic events：A circumplex structure of five categories of responses，and the role of job satisfaction [J] . Journal of Organizational Behavior，1999，20：309–321.

[106] Hair J. F.，Black W. C.，Babin B. J.，et al. Multivariate data analysis：A global perspective [M] . Upper Sadder River，NJ：Prentice–Hall，2010.

[107] Hayes A. F.，Rockwood N. J. Regression–based mediation and moderation analysis

in clinical research: Observations, recommendations, and implementation [J] . Behaviour Research and Therapy, 2017, 98: 39–57.

[108] He Q., Wu M., Wu W., et al. The effect of abusive supervision on employees'work procrastination behavior [J] . Frontiers in Psychology, 2021, 12: 596704.

[109] Henderson K. E., Welsh E. T., O' Leary–Kelly A. M. "Oops, I did it" or "it wasn't me:" An examination of psychological contract breach repair tactics [J] . Journal of Business and Psychology, 2020, 35 (3): 347–362.

[110] Hermida R., Luchman J. N. The moderating role of locus of causality in the relationship between source of information and psychological contract breach perceptions [J] . Journal of Business and Psychology, 2013, 28 (2): 221–232.

[111] Herriot P., Gibbons P., Pemberton C., et al. An empirical model of managerial careers in organizations [J] . British Journal of Management, 1994, 5: 113–121.

[112] Hind P., Frost M., Rowley S. The resilience audit and the psychological contract [J] . Journal of Managerial Psychology, 1996, 11 (7): 18–29.

[113] Hirschman A. O. Exit, voice, and loyalty responses to decline in firms, organizations, and states [M] . Cambridge: Harvard University Press, 1970.

[114] Huang L., Paterson T. A. Group ethical voice: Influence of ethical leadership and impact on ethical performance [J] . Journal of Management, 2017, 43 (4): 1157–1184.

[115] Howard M. C., Smith M. B. Employee regret and disappointment:Creation of a scale and foundational application of the approach/avoidance framework [J] . Applied Psychology, 2021, 72 (1): 1–32.

[116] Hsiung H–H. Authentic leadership and employee voice behavior: A multi–level psychological process [J] . Journal of Business Ethics, 2012, 107 (3): 349–361.

[117] Ibarra H. Provisional selves: Experimenting with image and identity in professional adaptation [J] . Administrative Science Quarterly, 1999, 44 (4): 764–791.

[118] Izard C. E. Human emotions [M] . New York: Plenum Press, 1977.

[119] Jones S. K., Griep Y. "I can only work so hard before I burn out." A time sensitive conceptual integration of ideological psychological contract breach, work effort, and burnout [J] . Frontiers in Psychology, 2018, 9: 1–14.

[120] Jong J. d., Rigotti T., Mulder J. One after the other: Effects of sequence patterns

of breached and overfulfilled obligations [J]. European Journal of Work and Organizational Psychology, 2017, 26 (3): 337-355.

[121] Johnson R. E., Selenta C., Lord R. G. When organizational justice and the self-concept meet: Consequences for the organization and its members [J]. Organizational Behavior and Human Decision Processes, 2006, 99 (2): 175-201.

[122] Johnson R. E., Howe M., Chang C-H. D. The importance of velocity, or why speed may matter more than distance [J]. Organizational Psychology Review, 2012, 3(1): 62-85.

[123] Kellermanns F. W., Walter J., Lechner C., et al. The lack of consensus about strategic consensus: Advancing theory and research [J]. Journal of Management, 2005, 31 (5): 719-737.

[124] Kiazad K., Seibert S. E., Kraimer M. L. Psychological contract breach and employee innovation: A conservation of resources perspective [J]. Journal of Occupational and Organizational Psychology, 2014, 87: 535-556.

[125] Kickul J., Lester S. W. Broken promises: Equity sensitivity as a moderator between psychological contract breach and employee attitudes and behavior [J]. Journal of Business and Psychology, 2001, 16 (2): 191-217.

[126] Kiefer T., Barclay L. J., Conway N., et al. An event-based approach to psychological contracts: The importance of examining everyday broken and fulfilled promises as discrete events [J]. Journal of Organizational Behavior, 2022, 43 (8): 1377-1394.

[127] Kim Y., Lee E., Kang M., et al. Understanding the influence of authentic leadership and employee-organization relationships on employee voice behaviors in response to dissatisfying events at work [J]. Management Communication Quarterly, 2023, 37 (1): 64-98.

[128] Knight D., Pearce C., Smith K. G., et al. Top management team diversity, group process, and strategic consensus [J]. Strategic Management Journal, 1999, 20(5): 445-465.

[129] Kraak J. M., Lakshman C., Griep Y. From top gun to the daily grind: Contextualizing psychological contract breach for military pilots [J]. European Journal of Work and Organizational Psychology, 2019, 29 (2): 243-261.

[130] Kuvaas N. J., Dvorak R. D., Pearson M. R., et al. Self-regulation and alcohol use involvement: A latent class analysis [J] . Addictive Behaviors, 2014, 39 (1): 146–152.

[131] Landman J. Regret: Persistence of the possible [M] . New York: Oxford University Press, 1993.

[132] Lapalme M-È., Simard G., Tremblay M. The influence of psychological contract breach on temporary workers' commitment and behaviors: A multiple agency perspective [J] . Journal of Business and Psychology, 2011, 26 (3): 311–324.

[133] Lazarus R. S., Folkman S. Transactional theory and research on emotions and coping [J] . European Journal of Personality, 1987, 1: 141–169.

[134] Lazarus R. S., Folkman S. Stress, appraisal, and coping [M] . New York: Springer, 1984.

[135] Lee C., Liu J., Rousseau D. M., et al. Inducements, contributions, and fulfillment in new employee psychological contracts [J] . Human Resource Management, 2011, 50 (2): 201–226.

[136] Levinson H., Price C. R., Munden K. J., et al. Management and mental health [M] . Cambridge: Harvard University Press, 1962.

[137] Levinson H. Reciprocation: The relationship between man and organization [J] . Administrative Science Quarterly, 1965, 9 (4): 370–390.

[138] LePine J. A., Podsakoff N. P., LePine M. A. A meta-analytic test of the challenge stressor-hindrance stressor framework: An explanation for inconsistent relationships among stressors and performance [J] . Academy of Management Journal, 2005, 48 (5): 764–775.

[139] LePine J. A. Adaptation of teams in response to unforeseen change: Effects of goal difficulty and team composition in terms of cognitive ability and goal orientation [J] . Journal of Applied Psychology, 2005, 90: 1153–1167.

[140] Li A. N., Liao H., Tangirala S., et al. The content of the message matters: The differential effects of promotive and prohibitive team voice on team productivity and safety performance gains [J] . Journal of Applied Psychology, 2017, 102 (8): 1259–1270.

[141] Li J., Li D., Cao Q., et al. The role of regret and disappointment in the repurchase

effect: Does gender matter? [J] . Journal of Behavioral and Experimental Economics, 2018, 75: 134–140.

[142] Li S., Liang Z. Y. Action/inaction and regret: The moderating effect of closeness [J] . Journal of Applied Social Psychology, 2007, 37: 807–821.

[143] Liang J., Shu R., Farh C. I. C. Differential implications of team member promotive and prohibitive voice on innovation performance in research and development project teams: A dialectic perspective [J] . Journal of Organizational Behavior, 2019, 40 (1): 91–104.

[144] Liang S. Y., Huang T. Z., Su L. Too time–crunched to seek variety: The influence of parenting motivation on consumer variety seeking [J] . Journal of Marketing Research, 2023, 60 (4): 812–833.

[145] Liu W., Zhu R., Yang Y. I warn you because I like you: Voice behavior, employee identifications, and transformational leadership [J] . The Leadership Quarterly, 2010, 21 (1): 189–202.

[146] Liu C., Li H. Stressors and stressor appraisals: The moderating effect of task efficacy [J]. Journal of Business and Psychology, 2018, 33: 141–154.

[147] Lee C., Pillutla M., Law K. S. Power–distance, gender and organizational justice [J]. Journal of Management, 2000, 26 (4): 685–704.

[148] Lönnqvist J. E., Leikas S., Paunonen S., et al. Conformism moderates the relations between values, anticipated regret, and behavior [J] . Personality and Social Psychology Bulletin, 2006, 32: 1469–1481.

[149] Lord R. G., Diefendorff J. M., Schmid A. M., et al. Self–regulation at work [J] . Annual Review of Psychology, 2010, 61 (1): 543–568.

[150] Louis M. R. Surprise and sensemaking: What newcomers experience in unfamiliar organizational settings [J] . Administrative Science Quarterly, 1980, 25: 226–251.

[151] Ma J., Peng Y., Wu B. Challenging or hindering? The roles of goal orientation and cognitive appraisal in stressor–performance relationships [J] . Journal of Organizational Behavior, 2021, 42 (3): 388–406.

[152] Majeed M., Naseer S. Is workplace bullying always perceived harmful? The cognitive appraisal theory of stress perspective [J] . Asia Pacific Journal of Human Resources, 2019, 59 (4): 618–644.

[153] Marcatto F., Ferrante D. The regret and disappointment scale: An instrument for assessing regret and disappointment in decision making [J] . Judgment and Decision Making, 2008, 3 (1): 87–99.

[154] Molina M., Nee V., Holm H. Cooperation with strangers: Spillover of community norms [J] . Organization Science, 2022, 34 (6): 2315–2331.

[155] Markoczy L. Consensus formation during strategic change [J] . Strategic Management Journal, 2001, 22 (11): 1013–1031.

[156] Marks M. A., Mathieu J. E., Zaccaro S. J. A temporally based framework and taxonomy of team processes [J] . Academy of Management Review, 2001, 26: 356–376.

[157] Maynes T. D., Podsakoff P. M. Speaking more broadly: An examination of the nature, antecedents, and consequences of an expanded set of employee voice behaviors [J] . Journal of Applied Psychology, 2014, 99 (1): 87–112.

[158] Mitchell M. S., Greenbaum R. L., Vogel R. M., et al. Can you handle the pressure? The effect of performance pressure on stress appraisals, self–regulation, and behavior [J] . Academy of Management Journal, 2019, 62 (2): 531–552.

[159] McGonagle A. K., Fisher G. G., Barnes–Farrell J. L., et al. Individual and work factors related to perceived work ability and labor force outcomes [J] . Journal of Applied Psychology, 2015, 100 (2): 376–398.

[160] Mookherjee S., Lee J. J., Sung B. Multichannel presence, boon or curse? A comparison in price, loyalty, regret, and disappointment [J] . Journal of Business Research, 2021, 132 (3): 429–440.

[161] Morgeson F. P., Mitchell T. R., Liu D. Event system theory: An event–oriented approach to the organizational sciences [J] . Academy of Management Review, 2015, 40 (4): 515–537.

[162] Morrison E. W., Robinson S. L. When employees feel betrayed: A model of how psychological contract violation develops [J] . The Academy of Management Review, 1997, 22 (1): 226–256.

[163] Naus F., Iterson A. V., Roe R. A. Organizational cynicism: Extending the exit, voice, loyalty, and neglect model of employees'responses to adverse conditions in the workplace [J] . Human Relations, 2007, 60 (5): 683–718.

[164] Neves P., Mesdaghinia S., Eisenberger R., et al. Timesizing proximity and

perceived organizational support: Contributions to employee well-being and extra-role performance [J] . Journal of Change Management, 2018, 18 (1): 70-90.
[165] Ng T. W. H., Feldman D. C., Butts M. M. Psychological contract breaches and employee voice behaviour: The moderating effects of changes in social relationships [J] . European Journal of Work and Organizational Psychology, 2013, 23 (4): 537-553.
[166] Ng T. W. H., Feldman D. C. Employee voice behavior: A meta-analytic test of the conservation of resources framework [J] . Journal of Organizational Behavior, 2012, 33 (2): 216-234.
[167] Olekalns M., Caza B. B., Vogus T. J. Gradual drifts, abrupt shocks: From relationship fractures to relational resilience [J] . Academy of Management Annals, 2020, 14 (1): 1-28.
[168] Paškvan M., Kubicek B., Prem R., et al. Cognitive appraisal of work intensification [J] . International Journal of Stress Management, 2016, 23 (2): 124-146.
[169] Parkinson B., Totterdell P., Briner R. B., et al. Changing moods: The psychology of mood and mood regulation [M] . London: Longman, 1996.
[170] Parzefall M-R., Coyle-Shapiro J. A-M. Making sense of psychological contract breach [J]. Journal of Managerial Psychology, 2011, 26 (1): 12-27.
[171] Pate J. The changing contours of the psychological contract: Unpacking context and circumstances of breach [J] . Journal of European Industrial Training, 2006, 30: 32-48.
[172] Pennebaker J. W., Mayne T. J., Francis M. E. Linguistic predictors of adaptive bereavement [J] . Journal of Personality and Social Psychology, 1997, 72 (4): 863-871.
[173] Priem R. L. Top management team group factors, consensus, and firm performance [J]. Strategic Management Journal, 1990, 11 (6): 469-478.
[174] Rai A., Agarwal U. A. Linking interactional injustice to EVLN outcomes [J] . International Journal of Organizational Analysis, 2019, 28 (2): 488-506.
[175] Rapert M. I., Velliquette A., Garretson J. A. The strategic implementation process evoking strategic consensus through communication [J] . Journal of Business Research, 2002, 55 (4): 301-310.
[176] Restubog S. L. D., Bordia P., Bordia S. The interactive effects of procedural justice

and equity sensitivity in predicting responses to psychological contract breach: An interactionist perspective [J] . Journal of Business and Psychology, 2009, 24 (2): 165–178.

[177] Robinson S. L., Kraatz M. S., Rousseau D. M. Changing obligations and the psychological contract: A longitudinal study [J] . The Academy of Management Journal, 1994, 37 (1): 137–152.

[178] Robinson S. L. Trust and breach of the psychological contract [J] . Administrative Science Quarterly, 1996, 41 (4): 574–599.

[179] Robinson S. L., Morrison E. W. The development of psychological contract breach and violation: A longitudinal study [J] . Journal of Organizational Behavior, 2000, 21 (5): 525–546.

[180] Rosen C. C., Chang C–H., Johnson R. E., et al. Perceptions of the organizational context and psychological contract breach: Assessing competing perspectives [J] . Organizational Behavior and Human Decision Processes, 2009, 108 (2): 202–217.

[181] Rousseau D. M. New hire perceptions of their own and their employer's obligations: A study of psychological contracts [J] . Journal of Organizational Behavior, 1990, 11 (5): 389–400.

[182] Rousseau D. M. Psychological contracts in organizations: Understanding written and unwritten agreements [M] . Thousand Oaks, CA: Sage Publications, Inc., 1995.

[183] Rousseau D. M. Psychological contract inventory technical report [EB/OL] . http://www.andrew.cmu.edu/user/ rousseau/0_reports/reports.html, 2000–08–10/2021–06–09.

[184] Rousseau D. M. Schema promise and mutuality: The building blocks of the psychological contract [J] . Journal of Occupational and Organizational Psychology, 2010, 74 (4): 511–541.

[185] Rousseau D. M., Hansen S. D., Tomprou M. A dynamic phase model of psychological contract processes [J] . Journal of Organizational Behavior, 2018, 39 (9): 1081–1098.

[186] Rousseau D. M. Psychological and implied contracts in organizations [J] . Employee Responsibilities and Rights Journal, 1989, 2 (2): 121–139.

[187] Rusbult C. E., Farrell D., Rogers G., et al. Impact of exchange variables on exit,

voice, loyalty, and neglect: An integrative model of responses to declining job satisfaction [J] . Academy of Management Journal, 1988, 31 (3): 599–627.

[188] Schalk R., Ruiter M. D., Loon J. V., et al. Actively coping with violation: Exploring upward dissent patterns in functional, dysfunctional, and deserted psychological contract end states [J] . Frontiers in Psychology, 2018, 9: 1–13.

[189] Schalk R., Roe R. E. Towards a dynamic model of the psychological contract [J] . Journal for the Theory of Social Behaviour, 2007, 37: 167–182.

[190] Schein E. Organizational psychology [M] . Englewood Cliffs, NJ: Prentice Hall, 1965.

[191] Schwartz B., Ward A., Monterosso J., et al. Maximizing versus satisficing: Happiness is a matter of choice [J] . Journal of Personality and Social Psychology, 2002, 83: 1178–1197.

[192] Schwarz N., Clore G. L. Mood as information: 20 years later [J] . Psychological Inquiry, 2003, 14 (3–4): 296–303.

[193] Shaffakat S., Otaye–Ebede L., Reb J., et al. Mindfulness attenuates both emotional and behavioral reactions following psychological contract breach: A two–stage moderated mediation model [J] . Journal of Applied Psychology, 2021, 107 (3): 425–443.

[194] Shapiro J. C., Kessler L. Consequences of the psychological contract for the employment relationship: A large scale survey [J] . Journal of Management Studies, 2000, 17: 903–930.

[195] Sherf E., Sinha R., Tangirala S., et al. Centralization of member voice in teams: Its effects on expertise utilization and team performance [J] . Journal of Applied Psychology, 2018, 103 (8): 813–827.

[196] Shih C–T., Chuang C–H. Individual differences, psychological contract breach, and organizational citizenship bebavior: A moderated mediation study [J] . Asia Pacific Journal of Management, 2013, 30 (1): 191–210.

[197] Sitkin S. B., See K. E., Miller C. C., et al. The paradox of stretch goals: Organizations in pursuit of the seemingly impossible [J] . Academy of Management Review, 2011, 36: 544–566.

[198] Skinner E. A., Edge K., Altman J., et al. Searching for the structure of coping [J] .

Psychological Bulletin, 2003, 129: 216–269.

[199] Smith C. A., Lazarus R. S. Emotion and adaption [M] . Pervin L. A. Handbook of Personality: Theory and Research, New York: Guilford, 1990.

[200] Solinger O. N., Hofmans J., Bal P. M., et al. Bouncing back from psychological contract breach: How commitment recovers over time [J] . Journal of Organizational Behavior, 2016, 37 (4): 494–514.

[201] Solomon R. L. The opponent–process theory of acquired motivation: The costs of pleasure and the benefits of pain [J] . American Psychologist, 1980, 35 (8): 691–712.

[202] Spector P. E., Fox S., Penney L. M., et al. The dimensionality of counterproductivity: Are all counterproductive behaviors created equal? [J] . Journal of Vocational Behavior, 2006, 68 (3): 446–460.

[203] Tekleab A. G., Takeuchi R., Taylor M. S. Extending the chain of relationships among organizational justice, social exchange, and employee reactions: The role of contract violations [J] . Academy of Management Journal, 2005, 48 (1): 146–157.

[204] Thayer R. E., Newman J. R., McClain T. M. Self–regulation of mood: Strategies for changing a bad mood, raising energy, and reducing tension [J] . Journal of Personality and Social Psychology, 1994, 67: 910–925.

[205] Thompson B., Ravlin E. Protective factors and risk factors: Shaping the emergence of dyadic resilience at work [J] . Organizational Psychology Review, 2016, 6: 11–28.

[206] Thomas H. D., Anderson N. Changes in newcomers' psychological contracts during organizational socialization: A study of recruits entering the British army [J] . Journal of Organizational Behavior, 1998, 19: 745–767.

[207] Tomprou M., Rousseau D. M., Hansen S. D. The psychological contracts of violation victims: A post–violation model [J] . Journal of Organizational Behavior, 2015, 36 (4): 561–581.

[208] Tripp T. M., Bies R. J., Aquino K. A vigilante model of justice: Revenge, reconciliation, forgiveness, and avoidance [J] . Social Justice Research, 2007, 20: 10–34.

[209] Trougakos J. P., Chawla N. & McCarthy J. M. Working in a pandemic: Exploring the impact of COVID19 health anxiety on work, family, and health outcomes [J] .

Journal of Applied Psychology, 2020, 105 (11): 1234-1245.

[210] Turnley W. H., Feldman D. C. The impact of psychological contract violations on exit, voice, loyalty, and neglect [J]. Human Relations, 1999, 52 (7): 895-922.

[211] Tunç M. N., Brandt M. J., Zeelenberg M. Not every dissatisfaction is the same: The impact of electoral regret, disappointment, and anger on subsequent electoral behavior [J]. Emotion, 2023, 23 (2): 554-568.

[212] Tykocinski O. E., Pittman T. S. The Consequences of doing nothing: Inaction inertia as avoidance of anticipated counterfactual regret [J]. Journal of Personality and Social Psychology, 1998, 75 (3): 607-616.

[213] Vantilborgh T., Bidee J., Pepermans R., et al., Effects of ideological and relational psychological contract breach and fulfilment on volunteers' work effort [J]. European Journal of Work and Organizational Psychology, 2014, 23 (2): 217-230.

[214] Venkatraman N. Strategic orientation of business enterprises: The construct, dimensionality, and measurement [J]. Management Science, 1989, 35 (8): 942-962.

[215] Vohs K. D., Baumeister R. F., Schmeichel B. J., et al. Making choices impairs subsequent self-control: A limited-resource account of decision making, self-regulation, and active initiative [J]. Journal of Personality and Social Psychology, 2008, 94 (5): 883-898.

[216] Vos D. A., Buyens D., Schalk R. Making sense of a new employment relationship: Psychological contract-related information seeking and the role of work values and locus of control [J]. International Journal of Selection and Assessment, 2005, 13: 41-52.

[217] Walden T. A., Smith M. C. Emotion regulation [J]. Motivation and Emotion, 1997, 21: 7-25.

[218] Wang Y-D., Hsieh H-H. Employees' reactions to psychological contract breach: A moderated mediation analysis [J]. Journal of Vocational Behavior, 2014, 85 (1): 57-66.

[219] Webster J. R., Beehr T. A., Love K. Extending the challenge-hindrance model of occupational stress: The role of appraisal [J]. Journal of Vocational Behavior, 2011, 79 (2): 505-516.

[220] Wiechers H. E., Coyle-Shapiro J. A-M., Lub X. D., et al. The tremors of interconnected triggers over time: How psychological contract breach can erupt [J]. Journal of Organizational Behavior, 2022, 43 (7): 1-18.

[221] Wiener N. Cybernetics or control and communication in the animal and the machine [M] // Cybernetics, or, Control and Communication in the Animal and the Machine. Massachusetts: M.I.T. Press, 1961: 145-147.

[222] Wood W., Quinn J. M., Kashy D. Habits in everyday life: Thought, emotion and action [J]. Journal of Personality and Social Psychology. 2002, 83 (6): 1281-1297.

[223] Wooldridge B., Floyd S. W. Research note and communications strategic process effect on consensus [J]. Strategic Management Journal, 1989, 10 (3): 295-302.

[224] Xie J., Huang Q., Wang H., et al. Coping with negative workplace gossip: The joint roles of self-monitoring and impression management tactics [J]. Personality and Individual Differences, 2019, 151: 109482.

[225] Xu X., Jiang L., Hong P. Y., et al. Will mindful employees benefit from positive work reflection triggered by transformational leadership? A two-study examination [J]. International Journal of Stress Management, 2021, 28 (1): 61-73.

[226] Zacher H., Rudolph C. W. Relationships between psychological contract breach and employee well-being and career-related behavior: The role of occupational future time perspective [J]. Journal of Organizational Behavior, 2020, 42 (1): 84-99.

[227] Zagenczyk T. J., Cruz K. S., Woodard A. M., et al. The moderating effect of machiavellianism on the psychological contract breach - organizational identification/disidentification relationships [J]. Journal of Business and Psychology, 2013, 28(3): 287-299.

[228] Zeelenberg M., Inman J. J., Pieters R. G. M. What we do when decisions go awry: Behavioral consequences of experienced regret [A]. In Weber E. U., Baron J., Loomes G. (Eds.). Conflict and Tradeoffs in Decision Making, Cambridge: Cambridge University Press, 2001: 136-155.

[229] Zeelenberg M., Pieters R. Beyond valence in customer dissatisfaction: A review and new findings on behavioral responses to regret and disappointment in failed services [J]. Journal of Business Research, 2004, 57 (4): 445-455.

[230] Zhao H., Wayne S. J., Glibkowski B. C., et al. The impact of psychological contract breach on work-related outcomes: A meta-analysis [J]. Personnel Psychology, 2007, 60: 647-680.

[231] Zhou Y., Fei Z., He Y. et al. How human-chatbot interaction impairs charitable giving: The role of moral judgment [J]. Journal of Business Ethics, 2022, 178: 849-865.

附　录

附录一　基于认知调节修复路径的调查问卷

第一期　问　卷

您好！这是关于人力资源管理方面的调研，此次调研预计共发放四次问卷。此次为第一次。请根据您的真实情况选择作答，答案没有对错之分，如实作答即可。谢谢您的配合。

首先请回答以下问题。

1. 请问您的性别是________。

A. 男　　B. 女

2. 请问您的年龄是________。

A. 20~30 岁　　B. 31~40 岁　　C. 41 岁以上

3. 请问您目前的最高学历是________。

A. 普高、中专、职本或专科学历　　B. 本科

C. 硕士或以上

4. 请问您目前就职的公司属于________。

A. 民营企业　　B. 国有企业　　C. 外资企业或合资企业

5. 请问您目前就职的公司属于________行业。

以下是一些关于您与您的公司之间关系的问题，请根据您的实际情况，选择与您的真实感受最相符的选项。

6. 公司关心我个人的安康。________

1 非常不同意　2 不同意　3 有点不同意

4 不确定　5 有点同意　6 同意

7 非常同意

7. 公司会为了员工的利益牺牲公司暂时的利益。________

1 非常不同意　2 不同意　3 有点不同意

4 不确定　5 有点同意　6 同意

7 非常同意

8. 公司会对员工关心的事和员工的健康做出回应。________

1 非常不同意　2 不同意　3 有点不同意

4 不确定　5 有点同意　6 同意

7 非常同意

9. 公司在做决策时会考虑我的利益。________

1 非常不同意　2 不同意　3 有点不同意

4 不确定　5 有点同意　6 同意

7 非常同意

10. 公司关心我长久的幸福和健康。________

1 非常不同意　2 不同意　3 有点不同意

4 不确定　5 有点同意　6 同意

7 非常同意

以下是关于您在工作中的情况调查。请根据您的实际情况，选择与您的真实情况最相符的选项。

11. 制定战略决策时，公司和我会共同分析，尽可能进行充分的论证。

____

1 非常不同意　2 不同意　3 有点不同意

4 不确定　5 有点同意　6 同意

7 非常同意

12. 公司和我会正式跟踪有意义的行业经营的一般趋势。________

1 非常不同意　　2 不同意　　3 有点不同意

4 不确定　　5 有点同意　　6 同意

7 非常同意

13. 公司和我共同参与战略的制定过程。________

1 非常不同意　　2 不同意　　3 有点不同意

4 不确定　　5 有点同意　　6 同意

7 非常同意

14. 公司和我共同参与战略的实施过程。________

1 非常不同意　　2 不同意　　3 有点不同意

4 不确定　　5 有点同意　　6 同意

7 非常同意

15. 公司和我共同为实现战略目标而努力。________

1 非常不同意　　2 不同意　　3 有点不同意

4 不确定　　5 有点同意　　6 同意

7 非常同意

16. 战略执行结果与公司的收益和我的个人收益关系密切。________

1 非常不同意　　2 不同意　　3 有点不同意

4 不确定　　5 有点同意　　6 同意

7 非常同意

感谢您的参与!

第二期　问　卷

您好！感谢您继续参与本次调查，本期调查内容主要是对最近一周（即您填完第一期问卷到现在）您在公司的工作情况的调查。

现在，请您回忆最近一周（即您填完第一期问卷到现在）您在公司有没有遇到以下类似事件:

公司或者代表公司的人员（主管或领导）没有遵守承诺的事件。这种承诺可以是明确说出来的（比如，领导承诺给你晋升、加薪、改善工作环境、培训技能、安排工作任务、休假、调休等）却没有兑现，也可以是没有明确说出来的承诺（比如，您认为上一周您做了某项工作，付出了很多时间或精力）却没有得到公司或者领导相应的认可或回报等。

1. 最近您有没有遇到类似公司或领导 / 主管未兑现承诺的事件？________

1. 有　　　　　　　　2. 没有

（说明：如果调查对象选择“有”，则会自动继续作答；如果调查对象选择“没有”，调查自动结束。）

2. 请简单描述这件事。（没有字数要求）

这件事发生后，请根据您的感受，选择与您的真实情况最相符的选项。

3. 对我来说，公司没有履行它对我做的承诺。________

1 非常不同意　　2 不同意　　3 有点不同意

4 不确定　　5 有点同意　　6 同意

7 非常同意

4. 对我来说，公司很好地履行了它对我做的承诺。________

1 非常不同意　　2 不同意　　3 有点不同意

4 不确定　　5 有点同意　　6 同意

7 非常同意

5. 对我来说，公司履行了它对我做的重要的承诺。________

1 非常不同意　　2 不同意　　3 有点不同意

4 不确定　　5 有点同意　　6 同意

7 非常同意

6. 公司关心我个人的安康。________

1 非常不同意　　2 不同意　　3 有点不同意

4 不确定　　5 有点同意　　6 同意

7 非常同意

7. 公司会为了员工的利益牺牲公司暂时的利益。________

1 非常不同意　　2 不同意　　3 有点不同意

4 不确定　　5 有点同意　　6 同意

7 非常同意

8. 公司会对员工关心的事和员工的健康做出回应。________

1 非常不同意　　2 不同意　　3 有点不同意

4 不确定　　5 有点同意　　6 同意

7 非常同意

9. 公司在做决策时会考虑我的利益。________

1 非常不同意　　2 不同意　　3 有点不同意

4 不确定　　5 有点同意　　6 同意

7 非常同意

10. 公司关心我长久的幸福和健康。________

1 非常不同意　　2 不同意　　3 有点不同意

4 不确定　　5 有点同意　　6 同意

7 非常同意

第三期　问　卷

您好！非常感谢您继续参加本次调查。在上一期调查中，我们询问了您在目前就职的公司发生的关于公司或者代表公司的人员（主管或领导）没有遵守承诺的事件。请您根据您现在的真实感受，回答以下问题。

1. 这件事对我来讲是个挑战。________

1 非常不同意　　2 不同意　　3 有点不同意

4 不确定　　5 有点同意　　6 同意

7 非常同意

2. 这件事给了我一个运用推理能力的机会。________

1 非常不同意　　2 不同意　　3 有点不同意

4 不确定　　5 有点同意　　6 同意

7 非常同意

3. 这件事给了我一个克服困难的机会。________

1 非常不同意　2 不同意　3 有点不同意

4 不确定　5 有点同意　6 同意

7 非常同意

4. 这件事给了我一个增强自尊的机会。________

1 非常不同意　2 不同意　3 有点不同意

4 不确定　5 有点同意　6 同意

7 非常同意

5. 总的来说，我认为我能够成功处理这件事。________

1 非常不同意　2 不同意　3 有点不同意

4 不确定　5 有点同意　6 同意

7 非常同意

6. 我觉得，我有足够的能力来处理这件事。________

1 非常不同意　2 不同意　3 有点不同意

4 不确定　5 有点同意　6 同意

7 非常同意

7. 这件事对我来说是个威胁。________

1 非常不同意　2 不同意　3 有点不同意

4 不确定　5 有点同意　6 同意

7 非常同意

8. 我担心这件事可能暴露我的弱点。________

1 非常不同意　2 不同意　3 有点不同意

4 不确定　5 有点同意　6 同意

7 非常同意

9. 这件事让我觉得累。________

1 非常不同意　2 不同意　3 有点不同意

4 不确定　5 有点同意　6 同意

7 非常同意

10. 我担心这件事可能让我的自尊受到伤害。________

1 非常不同意　2 不同意　3 有点不同意

4 不确定　5 有点同意　6 同意

7 非常同意

11. 总的来说，我感觉我无法处理这件事。________

1 非常不同意　2 不同意　3 有点不同意

4 不确定　5 有点同意　6 同意

7 非常同意

12. 我担心我没有能力处理好这件事。________

1 非常不同意　2 不同意　3 有点不同意

4 不确定　5 有点同意　6 同意

7 非常同意

第四期　问　卷

您好。非常感谢您一直以来参与我们的调查，本次调查为最后一期。请您根据您现在在公司中的真实感受和行为，回答以下问题。

1. 公司关心我个人的安康。________

1 非常不同意　2 不同意　3 有点不同意

4 不确定　5 有点同意　6 同意

7 非常同意

2. 公司会为了员工的利益牺牲公司暂时的利益。________

1 非常不同意　2 不同意　3 有点不同意

4 不确定　5 有点同意　6 同意

7 非常同意

3. 公司会对员工关心的事和员工的健康做出回应。________

1 非常不同意　2 不同意　3 有点不同意

4 不确定　5 有点同意　6 同意

7 非常同意

4. 公司在做决策时会考虑我的利益。________

1 非常不同意　2 不同意　3 有点不同意
4 不确定　5 有点同意　6 同意
7 非常同意

5. 公司关心我长久的幸福和健康。________

1 非常不同意　2 不同意　3 有点不同意
4 不确定　5 有点同意　6 同意
7 非常同意

请根据您现在在公司的工作行为，选择与您真实情况最相符合的一项。

6. 没有经过同意，我上班迟到。________

1 非常不符合　2 不符合　3 有点不符合
4 不确定　5 有点符合　6 符合
7 非常符合

7. 我请病假，待在家不上班，其实我没有生病。________

1 非常不符合　2 不符合　3 有点不符合
4 不确定　5 有点符合　6 符合
7 非常符合

8. 上班时，我休息的时间超出规定的休息时间。________

1 非常不符合　2 不符合　3 有点不符合
4 不确定　5 有点符合　6 符合
7 非常符合

9. 我上班早退。________

1 非常不符合　2 不符合　3 有点不符合
4 不确定　5 有点符合　6 符合
7 非常符合

附录二　心理契约破裂与建言行为关系的实验研究情景材料

亲爱的同学：

您好！欢迎参加本次实验，本次实验仅为科学研究所用，没有其他用途。请您放心作答。

请您仔细阅读以下资料，并将您自己代入这个故事中，设想您是这个故事的主人公。阅读后，请您根据您的真实感受，回答问题。答案没有对错之分，您只需按您的真实想法填写即可。

"你在 X 公司上班已有 2 年了。你工作很顺利。但该公司员工因工作原因需要经常出差。据你所知，该公司每位员工每年都有一次带家属随行出差的机会，公司会报销随行家属的交通费和住宿费。虽然公司没有明文规定，但是公司多年来都是这样做的。在你看来，这是公司为了避免员工由于经常出差可能引起工作和家庭冲突、提高员工对公司的满意度而采取的福利措施，员工早已把这当作公司对员工应尽的关爱责任了。这次你要去上海出差。正好最近你妈妈感到身体不适，你便带着你妈妈一同去上海的某家医院，让她做了个全面体检。这是你入职该公司以来第一次带家属出差。回来后，你找公司报销你妈妈的交通费和住宿费。"

心理契约破裂情景（实验组）的被试继续阅读：

"公司说，你妈妈的费用不能由公司报销，需要你自己来承担。"

心理契约不破裂情景（控制组）的被试继续阅读：

"公司说，本月只能报销你妈妈的交通费，下个月报销她的住宿费。"

现在，请根据您的真实感受，回答下列问题。

1. 您会向上司或同事提出意见、建议或想法吗？________

   A. 会　　　　　　　　B. 不会

2. 您会向上司或同事提出什么具体的意见、建议或想法呢？________

请您根据您现在的感受，选择与您的真实情况最相符的选项。

3. 对我来说，公司没有履行它对我做的承诺。________

1 非常不同意　　2 有点不同意　　3 不确定

4 有点同意　　5 非常同意

4. 对我来说，公司很好地履行了它对我做的承诺。________

1 非常不同意　　2 有点不同意　　3 不确定

4 有点同意　　5 非常同意

5. 对我来说，公司履行了它对我做的重要承诺。________

1 非常不同意　　2 有点不同意　　3 不确定

4 有点同意　　5 非常同意

请根据您的现实情况，回答以下问题。

6. 请问您的性别是________。

A. 男　　B. 女

7. 请问您的年龄是________。

谢谢您的参与！

附录三　基于“情绪—行为”调节修复路径的调查问卷

第一期　问　卷

您好！这是关于人力资源管理方面的调研，此次调研预计共分五次发放问卷。此次为第一次。请根据您的真实情况选择作答，答案没有对错之分，如实作答即可。谢谢您的配合！

首先请回答以下问题。

1. 请问您的性别是________。

A. 男　　B. 女

2. 请问您的年龄是________。

A. 20~30 岁　　B. 31~40 岁　　C. 41 岁以上

3. 请问您目前的最高学历是________。

A. 普高、中专、职本或专科学历　　B. 本科

C. 硕士或以上

4. 请问您目前就职的公司属于________。

A. 民营企业　　B. 国有企业　　C. 外资企业或合资企业

5. 请问您目前就职的公司属于__________行业。

以下是一些关于您与您的公司之间关系的问题，请根据您的实际情况，选择与您的真实感受最相符的选项。

6. 公司关心我个人的安康。________

1 非常不同意　　2 不同意　　3 有点不同意

4 不确定　　5 有点同意　　6 同意

7 非常同意

7. 公司会为了员工的利益牺牲公司暂时的利益。________

1 非常不同意　　2 不同意　　3 有点不同意

4 不确定　　5 有点同意　　6 同意

7 非常同意

8. 公司会对员工关心的事和员工的健康做出回应。________

1 非常不同意　　2 不同意　　3 有点不同意

4 不确定　　5 有点同意　　6 同意

7 非常同意

9. 公司在做决策时会考虑我的利益。________

1 非常不同意　　2 不同意　　3 有点不同意

4 不确定　　5 有点同意　　6 同意

7 非常同意

10. 公司关心我长久的幸福和健康。________

1 非常不同意　　2 不同意　　3 有点不同意

4 不确定　　5 有点同意　　6 同意

7 非常同意

以下是关于您在工作中的情况调查，请根据您的实际情况，选择与您的真实情况最相符的选项。

11. 制定战略决策时，公司和我会共同分析，尽可能进行充分的论证。________

1 非常不同意　　2 不同意　　3 有点不同意

4 不确定　　5 有点同意　　6 同意

7 非常同意

12. 公司和我会正式地跟踪有意义的行业经营的一般趋势。________

1 非常不同意　　2 不同意　　3 有点不同意

4 不确定　　5 有点同意　　6 同意

7 非常同意

13. 公司和我共同参与战略的制定过程。________

1 非常不同意　　2 不同意　　3 有点不同意

4 不确定　　5 有点同意　　6 同意

7 非常同意

14. 公司和我共同参与战略的实施过程。________

1 非常不同意　　2 不同意　　3 有点不同意

4 不确定　　5 有点同意　　6 同意

7 非常同意

15. 公司和我共同为实现战略目标而努力。________

1 非常不同意　　2 不同意　　3 有点不同意

4 不确定　　5 有点同意　　6 同意

7 非常同意

16. 战略执行结果与公司的收益和我的个人收益关系密切。________

1 非常不同意　　2 不同意　　3 有点不同意

4 不确定　　5 有点同意　　6 同意

7 非常同意

感谢您的参与！

第二期 问 卷

您好！感谢您继续参与本次调查。本期调查内容主要是关于最近一周（即您填完第一期问卷到现在）您在公司的工作情况的调查。

现在，请您回忆最近一周（即您填完第一期问卷到现在）您在公司有没有遇到以下类似事件：

公司或者代表公司的人员（主管或领导）没有遵守承诺的事件。这种承诺可以是明确说出来的（比如，领导承诺给你晋升、加薪、改善工作环境、培训技能、安排工作任务、休假、调休等）却没有兑现，也可以是没有明确说出来的承诺（比如，您认为上一周您做了某项工作，付出了很多时间或精力）却没有得到公司或者领导相应的认可或回报等。

1. 最近您有没有遇到类似公司或领导 / 主管未兑现承诺的事件？________

1. 有　　2. 没有

（说明：如果调查对象选择“有”，则会自动继续作答；如果调查对象选择“没有”，调查自动结束。）

2. 请简单描述这件事。（没有字数要求）

这件事发生后，请根据您的感受，选择与您的真实情况最相符的选项。

3. 对我来说，公司没有履行它对我做的承诺。________

1 非常不同意　　2 不同意　　3 有点不同意

4 不确定　　5 有点同意　　6 同意

7 非常同意

4. 对我来说，公司很好地履行了它对我做的承诺。________

1 非常不同意　2 不同意　3 有点不同意

4 不确定　5 有点同意　6 同意

7 非常同意

5. 对我来说，公司履行了它对我做的重要承诺。________

1 非常不同意　2 不同意　3 有点不同意

4 不确定　5 有点同意　6 同意

7 非常同意

6. 公司关心我个人的安康。________

1 非常不同意　2 不同意　3 有点不同意

4 不确定　5 有点同意　6 同意

7 非常同意

7. 公司会为了员工的利益牺牲公司暂时的利益。________

1 非常不同意　2 不同意　3 有点不同意

4 不确定　5 有点同意　6 同意

7 非常同意

8. 公司会对员工关心的事和员工的健康做出回应。________

1 非常不同意　2 不同意　3 有点不同意

4 不确定　5 有点同意　6 同意

7 非常同意

9. 公司在做决策时会考虑我的利益。________

1 非常不同意　2 不同意　3 有点不同意

4 不确定　5 有点同意　6 同意

7 非常同意

10. 公司关心我长久的幸福和健康。________

1 非常不同意　2 不同意　3 有点不同意

4 不确定　5 有点同意　6 同意

7 非常同意

第三期 问 卷

您好！非常感谢您继续参加本次调查。在上一期调查中，我们询问了您在目前就职的企业中发生的关于公司或者代表公司的人员（主管或领导）没有遵守承诺的事件。请您根据您现在的真实感受，回答以下问题。

1. 这件事对我来讲是个挑战。________

1 非常不同意　2 不同意　3 有点不同意
4 不确定　5 有点同意　6 同意
7 非常同意

2. 这件事给了我一个运用推理能力的机会。________

1 非常不同意　2 不同意　3 有点不同意
4 不确定　5 有点同意　6 同意
7 非常同意

3. 这件事给了我一个克服困难的机会。________

1 非常不同意　2 不同意　3 有点不同意
4 不确定　5 有点同意　6 同意
7 非常同意

4. 这件事给了我一个增强自尊的机会。________

1 非常不同意　2 不同意　3 有点不同意
4 不确定　5 有点同意　6 同意
7 非常同意

5. 总的来说，我认为我能够成功处理这件事。________

1 非常不同意　2 不同意　3 有点不同意
4 不确定　5 有点同意　6 同意
7 非常同意

6. 我觉得，我有足够的能力来处理这件事。________

1 非常不同意　2 不同意　3 有点不同意
4 不确定　5 有点同意　6 同意
7 非常同意

7. 遇到这件事，我感到难过。________

1 非常不同意　　2 不同意　　3 有点不同意
4 不确定　　5 有点同意　　6 同意
7 非常同意

8. 在这件事上，我真希望我当初做了不一样的选择。________

1 非常不同意　　2 不同意　　3 有点不同意
4 不确定　　5 有点同意　　6 同意
7 非常同意

9. 我真希望在这件事中，那些已经发生了但是又不是我能控制的事情没有发生。________

1 非常不同意　　2 不同意　　3 有点不同意
4 不确定　　5 有点同意　　6 同意
7 非常同意

10. 我觉得我对这件事负有责任。________

1 非常不同意　　2 不同意　　3 有点不同意
4 不确定　　5 有点同意　　6 同意
7 非常同意

11. 那些我无法控制的事情是导致这件事发生的原因。________

1 非常不同意　　2 不同意　　3 有点不同意
4 不确定　　5 有点同意　　6 同意
7 非常同意

第四期　问　卷

您好！非常感谢您继续参加本次调查，在上两期调查中，我们询问了您在目前就职的企业中发生的关于公司或者代表公司的人员（主管或领导）没有遵守承诺的事件以及您的感受。请您根据这件事发生之后您的真实情况，回答以下问题。

1. 我尽量与主管或领导达成谅解。________

1 非常不同意　　2 不同意　　3 有点不同意

4 不确定　　5 有点同意　　6 同意

7 非常同意

2. 我努力与主管或领导一起寻求一个让每个人都满意的解决方案。________

1 非常不同意　　2 不同意　　3 有点不同意

4 不确定　　5 有点同意　　6 同意

7 非常同意

3. 我尽量与主管或领导一起确定一个理想的解决方案。________

1 非常不同意　　2 不同意　　3 有点不同意

4 不确定　　5 有点同意　　6 同意

7 非常同意

4. 我与主管或领导相互探讨、交流彼此的观点，直到问题得到解决。________

1 非常不同意　　2 不同意　　3 有点不同意

4 不确定　　5 有点同意　　6 同意

7 非常同意

5. 我试着与主管或领导寻找折中的方案。________

1 非常不同意　　2 不同意　　3 有点不同意

4 不确定　　5 有点同意　　6 同意

7 非常同意

6. 我试着与主管或领导谈论这一问题，直到达成一致意见。________

1 非常不同意　　2 不同意　　3 有点不同意

4 不确定　　5 有点同意　　6 同意

7 非常同意

7. 我向主管或领导提出解决问题的方案。________

1 非常不同意　　2 不同意　　3 有点不同意

4 不确定　　5 有点同意　　6 同意

7 非常同意

8. 我立刻向主管或领导报告这个问题。________

1 非常不同意　　2 不同意　　3 有点不同意

4 不确定　　5 有点同意　　6 同意
7 非常同意

9. 我马上着手去想解决问题的办法。________

1 非常不同意　　2 不同意　　3 有点不同意
4 不确定　　5 有点同意　　6 同意
7 非常同意

10. 我努力想出不同的方法去解决这个问题。________

1 非常不同意　　2 不同意　　3 有点不同意
4 不确定　　5 有点同意　　6 同意
7 非常同意

11. 我让主管或领导寻找折中的方案。________

1 非常不同意　　2 不同意　　3 有点不同意
4 不确定　　5 有点同意　　6 同意
7 非常同意

第五期　问　卷

您好！非常感谢您一直以来参与我们的调查，这次调查为最后一期。请您根据您现在在企业中的真实感受，回答以下问题。

1. 公司关心我个人的安康。________

1 非常不同意　　2 不同意　　3 有点不同意
4 不确定　　5 有点同意　　6 同意
7 非常同意

2. 公司会为了员工的利益牺牲公司暂时的利益。________

1 非常不同意　　2 不同意　　3 有点不同意
4 不确定　　5 有点同意　　6 同意
7 非常同意

3. 公司会对员工关心的事和员工的健康做出回应。________

1 非常不同意　　2 不同意　　3 有点不同意
4 不确定　　5 有点同意　　6 同意

7 非常同意

4. 公司在做决策时会考虑我的利益。________

1 非常不同意	2 不同意	3 有点不同意
4 不确定	5 有点同意	6 同意
7 非常同意		

5. 公司关心我长久的幸福和健康。________

1 非常不同意	2 不同意	3 有点不同意
4 不确定	5 有点同意	6 同意
7 非常同意		